Esoterik

Dagmar Brocksin (Autorenname: Galin) studierte Ethnologie, Indologie und Amerikanistik und arbeitete als Journalistin und als Dozentin am Goetheinstitut in Paris. Zur Zeit ist sie Professorin an der Universität von Limoges. Zahlreiche Reisen (Forschungsprojekte, Journalismus), vor allem in Lateinamerika und Südostasien. Sie veröffentlichte bisher etwa 25 Bücher und erhielt für ihr literarisches Werk in Frankreich drei Preise: 1977 den Prix Littéraire de l'Académie Française und den Prix des Lectrices d'ELLE, Preis Livre de l'Été 1990 des französischen Kultusministeriums. Dagmar Brocksin lebt in Südwest-Frankreich und in Berlin.

W0049500

Dieses Buch wurde auf chlor- und säurefreiem Papier gedruckt.

Originalausgabe Juni 1998
Copyright © 1998 für die deutschsprachige Ausgabe
Droemersche Verlagsanstalt Th. Knaur Nachf., München
Das Werk einschließlich aller seiner Teile ist urheberrechtlich geschützt.
Jede Verwertung außerhalb der engen Grenzen des Urheberrechtsgesetzes ist
ohne Zustimmung des Verlages unzulässig und strafbar. Das gilt insbesondere
für Vervielfältigungen, Übersetzungen, Mikroverfilmungen und die
Einspeicherung und Verarbeitung in elektronischen Systemen.
Umschlaggestaltung Peter F. Strauss
DTP-Satz und Herstellung Barbara Rabus
Druck und Bindung Ebner Ulm
Printed in Germany
ISBN 3-426-86173-9

2 4 5 3 1

Dagmar Galin

Das entfesselte Ungeheuer

Visionen der
Naturvölker zum Weltende

Knaur

Inhalt

Die Erde bittet Nanderuvucu, den Weltschöpfer: Ich habe schon zu viele Leichen gefressen, ich bin es satt und müde, mach ein Ende, mein Vater!

Apapocúva, Matto Grosso

Eines Tages, wenn die Menschen Luc nicht mehr ehren, ihm nicht opfern, sondern Kriege führen, die er nicht haben will, und Sünden begehen, dann wird der Herr der Welt diese vernichten. Aber die Götter werden weiterleben, auch wenn die Welt untergeht.

Karolineninsel Namoluk

Wir fürchten, daß die Weißen einst sein (des Schöpfers Manabozhos) Versteck entdecken und ihn vertreiben werden. Dann steht das Ende der Welt bevor; sobald er wieder seinen Fuß auf die Erde setzt, wird sie auflodern, und jedes lebende Wesen wird in den Flammen umkommen.

Algonquins, Nordamerika

Endzeitstimmung?

Laßt uns Lebende einen letzten Toten-
tanz am Rande des Kraters vollführen.
Aber einen Tanz!   *Henry Miller*

Man mache einmal das Experiment und überfalle Mit-
menschen ohne einleitendes Gespräch mit der Frage:
»Glauben Sie/glaubst du, daß die Welt untergehen
wird?« Die Antworten verraten oft eine spontane Ablehnung, ohne lange Überlegung, spöttisch oder fast
peinlich berührt. Bohrt man geschickt weiter, ergeben
sich ebensooft die verwirrendsten Widersprüche zu dieser spontanen Verdrängung des Themas. Das heftige
»Nein!« eines Rentners etwa wird teilweise zurückgezogen, indem er einräumt, ein Weltuntergang könne
durch schädliches menschliches Verhalten provoziert
werden, »... was aber nicht zu verwechseln ist mit einem natürlichen Weltuntergang!«. Einer Lehrerin fällt
nach dem ersten verächtlichen »Nein« ein, daß der
Weltuntergang ja laut ihrer katholischen Erziehung vor-
gesehen ist, und so fügt sie, einschränkend und paradox
zugleich, hinzu, dieser könne aufgehalten werden, weil
»der Mensch sich entwickelt, mehr nachdenkt, sich an-
passen wird ...«. Daneben gibt es die Pessimisten, die
locker nicken, klar, in fünfzig Jahren spätestens, wenn's
so weitergehe, sei es vorbei mit der Erde und den Men-

schen. Dies stürzt danebensitzende junge Eltern in Gewissenkonflikte, sie neigen dazu, das Thema zu verdrängen und eher optimistisch zu denken. Der gläubige Moslem wiederum lauscht ganz selbstverständlich beim Freitagsgebet der Ansprache des Imams, wonach der Weltuntergang ganz nahe bevorstehe. Während der Zeuge Jehovas ohne Wimpernzucken die Gelegenheit nutzt, um von dem tausendjährigen messianischen Zwischenreich zu predigen, das den die ganze Welt umspannenden Ausbruch des definitiven Endzustandes einleiten wird. Auf Befragen wird er zugeben, daß der Weltuntergang im 20. Jahrhundert bereits fünfmal angekündigt wurde, das letzte Mal 1975.

Eine Frage, so viele Antworten.

Vage, verworren, widersprüchlich, es sei denn durch unerschütterlichen Glauben gefestigt, beweisen sie, daß der Mensch dieses Thema lieber verdrängt, wie er auch seinen eigenen Tod verdrängt, als wäre er unsterblich. Und woher sollte man auch präzise Antworten holen, woher Beweise?

Dennoch, in den Medien taucht der Endzeitgedanke ständig auf. Man braucht nur die Zeitungen einige Tage lang zu überfliegen: Ob in den Titeln, ob durch die Zeilen spukend, ob auf der politischen, der Wirtschafts- oder Kulturseite, die Drohung ist allgegenwärtig: »Endzeitstimmung«, »Angst vor der Endzeit«, »Vorapokalyptische Epoche«, »Endzeitpessimimus«, »Weltuntergang heute?« und so fort. Fällt es uns überhaupt noch auf? Filme behandeln das Thema in reißerischem Science-fiction-Stil. Zum Beispiel »Water World«, einer der teu-

Sonne mit Häuptlingsschädel
(Neuirland)

ersten Filme des Jahrhunderts, mit monströsem technischen Aufwand produziert, in dem die Welt in einer Art neuer Sintflut untergeht und natürlich Gut gegen Böse kämpft für die Erhaltung eines Stückes heiler Inselwelt. Eine neuere Langzeitstudie der Freien Universität Berlin bei Kindern und Jugendlichen ergab eine »regelrechte Endzeitstimmung«, und die Zukunftsvisionen erwiesen sich als »unwahrscheinlich düster«[1]. Doch neben der No-future-Generation tummelt sich bezeichnenderweise auch jene, die sich als »Spaßgeneration« bezeichnet: Let's have fun, denken wir positiv! Was wohl auch bedeutet: Ausgrenzung von Problemen, entpolitisiert, entdogmatisiert, amerikanisiert, egomanisch, im Metropolenraum ansässig ohne Heimatgefühle, zu Technomusik zuckend. Und über allem schwebt das Gespenst Aids im Hintergrund. Eine futuristische Ausstellung malt die Welt im Jahre 2045 aus, mit »Überlebenshäusern«, wo virtuelle Fortbewegung die körperliche fast gänzlich ersetzt hat. Was am Morgen »in« war, ist am Abend schon »out« und überholt. Ein rasender Tanz, der immer schneller wird.

Es gibt auch eine volkstümliche Form, Unbequemes, Unheimliches, auch besonders ewige und unlösbare Probleme dadurch zu »lösen«, sich davon zu erleichtern, indem man sie ins Lächerliche zieht, über sie lacht: den Witz. Ein Beispiel:

Ein Planet trifft im Weltall kreisend den Planeten Erde. »Nanu«, so spricht er ihn an, »du siehst ja so elend aus! Bist du etwa krank?«

»Ja, ich habe den Homo sapiens!«

»Ach, mach dir keine Sorgen! Das geht vorüber!«
Der einstige DDR-Kritiker und ökologisch-sozialisti-
sche Querdenker Rudolf Bahro sprach in einem Inter-
view von einer »Todesspirale«, fügte indessen hinzu:
»Ich bin ja nicht pessimistisch. Ich sage nur, wenn wir
das ›business as usual‹ nicht beenden, dann sind wir
verloren. Ich sage, der Mensch, wie er nun mal ist, der
ist verloren. Aber der Mensch übersteigt unendlich den
Menschen. So eine Krise wie jetzt hat die Menschheit
noch nicht erlebt.«[2] Selbst Bundeskanzler Helmut Kohl
macht sich Gedanken über das Thema angesichts der
nahen Jahrtausendwende: Auf einer Pressekonferenz
bemerkte er besorgt die wachsende Neigung zu Esoterik
und Astrologie im Volke.
Tatsächlich steigt auch der Glaube an solche typischen
Endzeit-Dämonen wie Satan. Laut Umfrage glaubten
1964 nur 37 Prozent der Amerikaner an den Leibhafti-
gen, 1973 schon jeder zweite, Tendenz steigend. Und
Satan (hebr.: »Widersacher, böser Feind«) besitzt wahr-
haftig nur negative Anziehungskräfte. Im Alten Testament noch in der Rolle des Anklägers vor dem göttli-
chen Gericht, tritt er bald als Versucher auf und wird im
Christentum das leibliche Prinzip des Bösen, wegen
Aufruhrs gegen Gott durch den Erzengel Michael in den
Abgrund gestürzt.
Sekten, in denen unter anderem Satan inmitten allge-
meiner Weltuntergangsstimmung auftaucht, wuchern.
Sie wachsen weltweit, gleich welcher religiösen Cou-
leur. Man denke an die japanische Sekte Aum Shinri
Kyo, welche im Sommer 1995 in der Metro von Tokio

tödliche Anschläge mit Saringas ausführte und welche einen baldigen Weltuntergang erwartet. Nur die auserwählten Sektenmitglieder würden ihn überleben, so glauben sie, indem sie sich ohne Unterbrechung seelisch und körperlich auf das Ende vorbereiten. Seit 1994 sind auch kollektive Selbstmorde der Sonnentempler in Kanada, Frankreich und der Schweiz zu verzeichnen.

Kassandrische Weltuntergangswarner sagen einen »Polsprung« für das Jahr 2000 voraus: nicht weniger als das Versinken von Australien, Südamerika, Südostasien, des Westens der USA und Englands. Sogar entsprechend korrigierte Weltkarten werden bereits angeboten.

»Der Vorhang hebt sich für den letzten Akt?« Auch dies war in der Zeitung zu lesen. Doch was sagt die Wissenschaft zu alldem? Schüttelt sie nur nachsichtig bis indigniert den Gelehrtenkopf, allwissend, wie sie ist, und all diesen Kindereien und Aberglauben hoch überlegen? Nun, die Wissenschaftler sind im allgemeinen kühlpessimistisch. Und sie haben auch, als Alternative zum Big Bang, dem Urknall, mit dem einst alles so plötzlich begonnen haben soll, einen Big Crunch zu bieten, das große Knirschen: Nachdem aus einem dichten Nichts alle Gestirne und Planeten explodierten, wird vielleicht der Expansionsdrang – wenn sich genügend dunkle Materie im All versteckt – irgendwann durch die großen Anziehungskräfte gestoppt. Dann wird das Universum wieder in sich zusammenstürzen. Und, so stellte das Wissenschaftsmagazin New Scientist vor einiger Zeit die Thesen der Kosmologen Arne Larsen und Mariusz Dabrowski vor: Bevor das Universum kollabiert, woran kaum Zweifel zu sein scheint, wird es in einen Zustand geraten, in dem es zwischen zwei Größen schwankt. Frage: Für wann ist dieser Big Crunch zu erwarten?

Eine andere Branche von Wissenschaftlern ist davon überzeugt, daß es »zur Umkehr zu spät« sei: die der Umweltforscher. 1972 fand die erste globale Umweltkonferenz statt. Inzwischen scheint deren Frage nur noch zu sein, ob der Mensch überhaupt noch überleben *kann.* Tagtäglich ist von ökologischen Gefahren die Rede, welche Erde und Menschen bedrohen. Von der rasanten Vermehrung der Menschheit mit den damit verbundenen Fragen der Nahrungs- und Wasserversorgung bis zur Müllentsorgung. Seit 1968 ist die Menschheit um zwei Milliarden gewachsen. Das vergrößert auch die Vergiftung von Luft, Wasser und Boden, was zu immer größer werdenden Löchern in der Ozonschicht geführt hat. Radioaktive Verseuchungen und der Treibhauseffekt führen zur Veränderung von Klima und Weltmeerspiegel. Über sechshundert Naturkatastrophen hat es allein im Jahre 1995 gegeben, ebenso wie im Jahr davor; Dürren und Überschwemmungen in bedrohlichem Ausmaß, verursacht durch das kontinuierliche Aufheizen des Klimas.

An Hiroshima (»Sonne der Apokalypse«, so in einer Fernsehsendung zum 50. Jahrestag, am 6. 8. 1995) kommt die Menschheit nicht mehr vorbei. Mit der ersten Atombombe »Little Boy« (!), vorgeblich zur Kriegsbeendigung eingesetzt, erlebte die Erde einen denkbaren Vorboten ihrer völligen Zerstörung. Die Hochrüstung der Atommächte erzwingt seitdem die Vorstellung von der völligen Vernichtung der menschlichen Existenz. Die allgegenwärtigen Gefahren der Nuklearindustrie bewies die Katastrophe von Tschernobyl.

Doch die Atombombe ist bereits überholt. Wissenschaftler in Genf haben die ersten Antiatome auf Erden hergestellt, die erste Antimaterie. Treffen Materie und Antimaterie zusammen, vernichten sich in einem feurigen Energieblitz die atomaren Teilchen gegenseitig, wobei ihre Masse in Energie verwandelt wird. Die Explosion allein eines Fingerhutes voll Antimaterie könnte ein apokalyptisches Feuer entfachen, das ausreicht, um Millionenstädte auszulöschen – tausendmal vernichtender als eine Atombombe. Was könnte dies für die profit- und zerstörungssüchtigen Menschen bedeuten? Schon horchen, wen wundert es, die Militärs interessiert auf. Und träumen (leider wohl nicht nur) von dieser »Waffe der Zukunft«. Aber welcher Zukunft?

Die Ausplünderung der Bodenschätze und die weltweite Abholzung gehen trotz aller Warnungen und Aufschreie weiter. Jedes Jahr werden 170 000 Quadratkilometer Tropenwald von Indonesien bis nach Südamerika gefällt, eine Fläche, viermal so groß wie die Niederlande. Im Jahre 2007, so wurde es pessimistisch errechnet, wird der letzte Baum im Amazonasgebiet fallen, jenem größten Wald der Erde, der ihr fünfzehn Prozent des Sauerstoffes liefert. Die Weltmeere werden durch die Fischerei-Großindustrie ausgeplündert, durch Einfließen von Öl und Giften als Biosphäre verseucht.

Konsequenz dieser Raserei ist die Zerstörung von Arten, ob Pflanzen oder Tiere. Stündlich sterben drei Arten aus, über siebzig am Tage, 27 000 jährlich. Ein Viertel aller Arten wird in den nächsten fünfundzwanzig Jahren verschwinden. Nicht nur die großen Wildtiere, sondern auch Vögel, Fisch- und Krebsarten, Käferarten, Schlangenarten, ebenso wie Pilze, Moose, Schwämme. Der gesamten Biosphäre droht die Vernichtung, mit ihr verschwinden die notwendigen Rohstoffe. Auch der kleine Frosch, unser verzauberter Märchenprinz, macht sich weltweit rar. Arten werden andererseits genetisch manipuliert, der größeren Profits wegen, obwohl man die negativen Nebeneffekte nicht übersehen kann.

Irgendwann werden die Vorräte nicht mehr ausreichen, um die Maschinen, die riesige Energie- und Mineralienmengen verschlingen, zu füttern. Und mehr und mehr verwandelt unsere globale Konsumgesellschaft die schwindenden Vorräte der Erde in umweltzerstörende Müllberge, die sich zu hochwachsenden »Smoky Mountains« besonders um die Metropolen der Dritten Welt erheben.

Rettung aus dieser Horror-Vision? Vielleicht noch möglich mit sofortigem Ausstieg, möglichst noch heute nachmittag, aus der Industrie- und Maschinengesellschaft!

Jedermann wird zugeben, daß das nicht denkbar ist.

Wer will und wer kann das? Wir sind alle Komplizen, zwangsweise und freiwillig. Es wird auch nicht die ganze Welt aufs Fahrrad umsteigen, um die Erde zu retten; wir leben in einem einzigen Fabrikations- und Verbraucherbetrieb, und der rotiert Tag und Nacht. Auch der letzte radelnde Chinese – China macht etwa ein Drittel der Weltbevölkerung aus – wird aufs Auto umsteigen, mit entsprechenden zusätzlichen mondialen Umweltschäden. Millionen Tonnen Kohlendioxid werden bereits heute durch die Vielfliegerei in die Luft geblasen, und der Luftstau wird bald den Straßenstau bei weitem übertreffen.

Zurück zur Landwirtschaft? Sie wird, wie die Weltwirtschaft, in hundert Jahren schon an Erdölmangel scheitern. Und Trinkwasser wird nicht nur in den Ballungsgebieten der Dritten Welt das Kostbarste werden, ist es heute schon vielerorts.

Überlebens-Emigration von fünfhundert Millionen Menschen in Richtung von Noch-Wohlstandsländern wird auch in diesen winzigen Nischen auf der Weltkarte die wirtschaftliche Ordnung zusammenbrechen lassen, und gegen dieses logische Phänomen helfen auch keine Verschärfung des Asylrechts, keine elektronischen Schutzmauern und Abschiebeknast. Herbert Gruhl, einer der ökologischen Vordenker in Deutschland, sagte:

»Die menschliche Gattung ist am Ende der Weisheit. Sie hat sich den Erdball rücksichtslos unterworfen, sie kann sich nicht zügeln, und sie wird es nie können. Göttliche Weisheit und Voraussicht wären vonnöten. Doch die menschliche Psyche, mit der wir seit Tierzeiten ausgestattet sind, ist himmelweit davon entfernt. Der Mensch kann nicht vorausdenken (der antiken Kassandra hatte diese Gabe ein Gott verliehen, doch ändern konnte sie auch nichts) und erst recht nicht danach handeln.«

Und daraus zieht er den Schluß:

>»Wir sind nun mit unheimlichen selbstgefertigten Waffen ausgestattet, die der Natur und uns den Tod bringen. Das beginnen wir erst jetzt zu begreifen, da es zur Umkehr zu spät ist. Die verbleibende Chance besteht nur in Fristverlängerungen. Aber auch dazu rafft sich kein Volk, keine Partei auf. Nur unsere hybriden Gehirne, die so viele stolze Leistungen hervorgebracht haben, bilden sich noch hin und wieder ein, das Schicksal aufhalten zu können.«[3]

Zugegeben, all diese hier angerissenen Theorien, Fakten und Beobachtungen klingen nicht sehr optimistisch. Das macht uns traurig. Lieben wir nicht trotz alledem unsere Erde? Den gestirnten Himmel über ihr? Staunen wir nicht andächtig vor den Kunstwerken, welche der Mensch, das schädlichste aller Lebewesen, hervorgebracht hat?
Es scheint jedoch, als ob der Mensch dabei ist, den Ast abzusägen, auf dem er selbst sitzt, sein eigenes Universum zu zerstören, profitsüchtig, kurzsichtig, blindwütig, suizidär. Sich die Erde unter den eigenen Füßen wegzuziehen. In seiner langen – oder kurzen, das ist relativ wie alle Zeitbegriffe – Geschichte hat er darauf zugearbeitet. Seit vor etwa zweieinhalb oder drei Millionen Jahren des aufrecht gehenden Tieres Gehirn anzuwachsen begann und er vor allem seit rund hunderttausend Jahren sich zu einem sogenannten Kulturwesen, dem Homo sapiens, entwickelte. Um sich »die

Erde untertan« zu machen. »Die Krone der Schöpfung, das Schwein, der Mensch«, spottete Gottfried Benn bitter.

Doch der sich uns heute aufdrängenden Vorstellung einer Endzerstörung durch den törichten Menschen selbst stehen jene Theorien gegenüber, die Hypothesen aufstellen über das Verschwinden des Universums, bei dem der Mensch, kleines Staubkörnchen, gar keine Rolle spielt, wie der Big Crunch.

Woher kommt also die wirkliche Bedrohung? Aus der blinden Fatalität des kosmischen Mechanismus? Oder aus dem verworrenen und verzweigten Prozeß der intellektuellen Aktivität des Gehirns des Homo sapiens? Zwei gegensätzliche Ideen.

Hinzu gesellt sich als dritte die uns allen durch religiös-kulturelles Umfeld eingeprägte Vorstellung von einer begrenzten Weltzeit.

In den drei monotheistischen, aufeinander aufbauenden Religionen, Judaismus, Christentum und Islam, spielt das Warten auf das Weltende eine fundamentale Rolle. Daneben stehen die Vorstellungen von Ende der Welt im Buddhismus, im Hinduismus, in der Kosmogonie der aztekischen und der Maya-Kultur.

Es faszinierte die Verfasserin, einmal gründlicher der Frage nachzugehen, welche Eschatologie (Theorie des letzten Untergangs der Menschen) Urvölker rund um die ganze Welt entwickelt haben. Völker, die so reich an Schöpfungsmythen sind: Indianervölker in Nord- und Südamerika, Eskimos, Waldstämme in Burma und im Inneren Borneos, Inselvölker im Pazifischen Ozean oder

Urvölker im Südosten Australiens. Einst haben sie mit der Natur gelebt, sie haben tausendfache wundersame Facetten ihrer Kultur entwickelt und gehören heute zu den »ausgestorbenen« bzw. »aussterbenden Arten«. Vielleicht geben sie uns einige Antworten, auf die wir im geheimen hoffen?

Westliche Ängste –
wann, warum, woher

Die Furcht und Ahnung, daß der Kosmos bedroht sei durch Zerstörung und Untergang, ist nicht auf unsere Epoche und die Aktualität der Jahrtausendwende beschränkt. Wobei gleich daran erinnert werden sollte, daß das so datierte Jahr 2000 in Wahrheit ein banales Datum ist; weiß man doch, daß der historische Jesus bereits sechs oder sieben Jahre früher geboren wurde, und dann wohl auch nicht im Dezember.

Wie auch immer, wenn wir kurz zurückblicken auf andere »Endzeitstimmungs-Epochen« in Europa, so stoßen wir auf das Jahr 1000. Zu dieser ersten Jahrtausendwende n. Chr. zogen zum Beispiel die Menschen in Massen bei Augsburg hinaus auf die Felder, in Panik den sofortigen Weltuntergang erwartend!

Abgesehen von solchen besonderen Daten gab es Zeiten, in denen innerhalb unseres europäischen Kulturkreises sich die Menetekel, die Warnzeichen vor einem nahenden Weltende, im Volksglauben häuften: Kriege mit Plünderungen und Vertreibungen, Seuchen wie Pest und Pocken, jede Menge politischer und religiöser Unordnung, die sich wie stets in tiefstem Elend der ärmsten Bevölkerungsschichten niederschlug.

So gibt es eine lange Geschichte der Endzeitangst in Europa, besonders vom Ende des 13. Jahrhunderts an, wo »Apokalyptiker« fast schwärmerisch den Weltuntergang erwarteten und Wanderprediger mit ihm drohten. Eine lange Angstperiode gab es zwischen 1348 und 1660. 1348 war das Jahr der Schwarzen Pest, in dem der Tod über Dörfer und Landschaften hinwegraste, die Menschen sich hinter Mauern zusammendrängten, um seiner mähenden Sichel zu entgehen. Es folgten endlose Kriege, Verwüstungen, Hungersnöte, Bauernaufstände. Sonnenfinsternisse gaben der Düsternis des Überlebens den Aspekt kosmischer Bedrohung. Satanskult schlich durch die Lande im Gefolge von geflüsterten Sagen und Märchen.

Die Angst vor dem Weltuntergang wuchs und verbreitete sich mit den Kommunikationsmitteln. Verstädterung, Verbreitung der Schrift, Wandermönchen, darunter etliche »Propheten«, Martin Luthers Bibelübersetzung, wo vor allem das Matthäus-Evangelium und die Offenbarung des Johannes Schreckensvisionen vom Jüngsten Gericht und dem Ende der Welt verkünden. Diese Atmosphäre drückt sich auch in der bildenden Kunst aus, wo das Letzte Gericht und die Höllenfahrt zentrale Themen sind; ebenfalls der Tod. So zum Beispiel Albrecht Dürers Holzschnitte zur Apokalypse 1498.

Der Bußprediger Savonarola, als Ketzer auf dem Marktplatz von Florenz verbrannt, gibt in seinen Cancone 1472 eine pessimistische Vorschau: »Vielleicht sogar ist gekommen diese Zeit / die die Hölle erbeben läßt – der Tag des Gerichts.« Die »fünfzehn Anzeichen des Weltendes« machten Martin Luther ebenso wie den meisten seiner Zeitgenossen angst. Typisch für den Zeitgeist war, was er in den Novembertagen 1540 schrieb:

»Diß ist mein imaginatio, und stehe gewiß darauff, das der Engell itzt schon in der rustung sein und ziehen das harnisch an und gurten die wehr umb sich, den der jungste tag bricht schon herein, und die engel rusten sich zum streitt und wollen den turcken sturtzen mit sampt dem bapst und in grundt der hellen schlagen.«

Hier werden die Türken, die Ungläubigen, zu den letzten Weltuntergangsfeinden, zu Gog und Magog, und der Papst wird umgedeutet zum zur Endzeit erwarteten Antichrist. Die Zeichen, die Christus im Matthäus-Evangelium gegeben hat, werden zeitgerecht gedeutet. Der große moralische Zusammenbruch wird kommen. Geschrei von Kriegen, die nichts mehr übriglassen werden, eine Schlacht ohne Gnade, siehe Matthäus 24, Vers. 29: »Bald aber nach der Trübsal derselben Zeit werden Sonne und Mond den Schein verlieren, und die Sterne werden vom Himmel fallen, und die Kräfte der Himmel werden sich bewegen …«

Mit der ultimativen Warnung im Vers 42: »Darum wachet; denn ihr wisset nicht, welche Stunde der Herr kommen wird.«

Luthers Zeitgenosse war Michel de Nostre-Dame (Nostradamus), ein französischer Arzt aus konvertierter jüdischer Familie (1503–1566). Seine geheimnisvollen und düsteren Prophezeiungen, zusammengefaßt in der Sammlung der Centuries Astrologiques (1555), machten ihn so berühmt, daß er sogar an den Hof der Königin, Cathérine de Medici, berufen wurde. Dort sagte er den grausamen Tod ihres Ehemannes voraus.

Als eine Mischung von Scharlatan und intuitivem Welt-Ertaster hielt er seine Prophezeiungen so vage, so voller Metaphern, daß man sie bis heute auf vielerlei Arten deuten kann – und es auch eifrig tut. Hunderte von Büchern wurden in allen großen Sprachen über ihn geschrieben, mit fast ebenso vielen Deutungen, bis zur angeblichen Voraussage von Luftbombardierungen, nuklearen Kriegen und Ozonloch. Immerhin, die Französische Revolution, das Erscheinen von Napoleon, sagt Nostradamus verblüffend genau voraus, auch, daß der Mensch fliegen werde. Er sagt unter anderem:

»Durch die Chemie werden wir neue Lebensmittel haben / Die kranken Böden werden steril sein mangels Licht / Männer und Frauen werden in großer Zahl zugrunde gehen. Ohne Wasser / werden die Fische sterben.«[4]

Auch er hat, wie Luther, eine eurozentrische Weltsicht, in der der Orient nur als Drohung erscheint. Er erwähnt das Jahr 3797 als Datum für das Weltende, doch auch eine Reihe von Veränderungen und Katastrophen um das Jahr 2000.
Im Europa des 15. und 16. Jahrhunderts wurden zahlreiche Berechnungen über das genaue Datum des Weltuntergangs angestellt. Es gab ja schon im Alten Testament eine Arithmetik der Prophezeiungen, die auch Nostradamus benutzt, wenn er das Jahr 3797 als das des Weltendes erwähnt. So heißt es bei Daniel (2 und 7): Vier Reiche werden dem vorangehen, das »niemals zerstört

würde«. Unter vier Herrschern würden die Heiligen verfolgt, während »einer Zeit, Zeiten und einer halben Zeit«. Diese letzte Chronologie taucht auch in der Offenbarung des Johannes (7) auf: Die Frau, Mutter des Retterkindes, werde vom Drachen verfolgt und in der Wüste ernährt »eine Zeit, Zeiten und eine halbe Zeit«. Daniel (12) versichert auch, daß »Greuel und Jammer 1290 Tage« dauern werden. Die Offenbarung (20) sagt, daß der Dämon, gefesselt im Gefängnis der Hölle, am Ende von tausend Jahren hervorkommen werde.

Astrologen, Theologen und Mathematiker arbeiteten unermüdlich an diesen und anderen recht verwirrenden Zahlenvorgaben. Sie wurden in einen chronologischen Rahmen gestellt, dessen simpelstes Schema war: Die Welt hat zweitausend Jahre zwischen der Schöpfung und dem Gesetz gelebt, dann nochmals zweitausend Jahre unter der Herrschaft des Gesetzes. Die Herrschaft des Messias werde ebenfalls zweitausend Jahre dauern. Andere, so Christoph Kolumbus, errechneten siebentausend Jahre:

»Seit der Schöpfung der Welt oder Adams bis zur Ankunft unseres Herrn Jesus Christus waren es 5343 Jahre mit 318 Tagen, nach der Berechnung des Königs Don Alphonso, die sehr sicher zu sein scheint ... Wenn man 1501 hinzufügt, mit etwas weniger, macht das insgesamt 6845 Jahre weniger einige Monate. An dieser Berechnung fehlen nicht mehr als 155 Jahre bis zur Vollendung der 7000 Jahre, in dessen Verlauf ... die Welt zu Ende gehen muß.«[5]

Eine etwas demagogische Auslegung, wenn man sie etwa mit den kosmischen Berechnungen der Maya-Priester im fernen Yukatan vergleicht! (Im übrigen taucht dort, wie auch in den Kosmos-Mythen in Indien, bei den Azteken und in weiteren Kulturen immer wieder die Ziffer Vier als ausschlaggebende auf.) Emmanuel Kant (1724–1804), ebenso typischer wie weitsichtiger Philosoph der Aufklärung, grübelte im nordischen Königsberg gleichfalls über den Weltuntergang nach. Im Jahre 1754 verfaßte er ein Traktat zur ›Frage, ob die Erde veralte‹. Vierzig Jahre später schrieb er über »Das Ende aller Dinge«. Dort wandte er sich der Idee eines Endes aller Dinge zu, diesmal aber nicht, wie zuvor, physisch oder physikalisch, sondern moralisch. Dem Pessimismus von Endzeitvorstellungen setzt er die allgemeine Hoffnung der Aufklärung entgegen, daß Tugend, Sittlichkeit und Moral im Laufe der Zeit fortschreiten würden – obwohl er Gegenargumente nicht verschweigt.

Dies war ein sehr knapper Einblick in weitgehend eurozentristische Endzeitstimmungen und -vorstellungen. Zum Zweck des späteren Vergleichs folgen einige kurze Darstellungen der Ideen vom Ende der Welt, die unserem christlichen Kulturkreis auf Grund des Neuen Testaments zugrunde liegen, sowie Parallelen im islamischen Glauben. Mit der Verbreitung des Christentums vom Westen durch Eroberer, die in ihrem Gefolge stets Missionare diversester Schattierungen hatten, wurde dessen Vorstellung quer über die ganze Welt übernommen. Darum müssen wir auch stets vorsichtig sein bei

den häufig von Missionaren aufgezeichneten Weltunter-
gangs- und Sintflutmythen der indigenen Völker!

Die griechische Mythologie, die hinduistische und
buddhistische Religion sahen das Leben der Welt zyklisch, als eine Folge von Weltzeitaltern, welche unter-
gingen oder zerstört wurden und sich erneuerten in einem ewigen Kreislauf von Geburt, Tod und Wiedergeburt. Nach jüdisch-christlicher Auffassung nun ist die
Welt eine einmalige Schöpfung, ohne Hoffnung auf
Wiederkehr oder Erneuerung – jene einmalige der Sintflut ausgeschlossen. Und sie hat eine Ende – definitiv.
Dies selbe Bild wurde dann im Islam übernommen.

Das menschliche Erdendasein beginnt mit der Schöpfung des Paares Adam und Eva, findet einen ersten Ein-
schnitt durch den sogenannten Sündenfall, um in der
Folge unerbittlich dem Jüngsten Gericht und der Erlö-
sung vom irdischen Jammertal zuzustreben, im negativen Falle der letzten Strafe und Verdammung. Keine
ewige Seele mehr, sondern eine einmalige lineare
Schöpfung aus Körper, Seele und Geist.

Eine triste Aussicht letztlich. So klammerte man sich
schon in den folgenden Jahrhunderten n. Chr. an den
Traum vom Tausendjährigen Reich, wie es in den Offenbarungen des Johannes (20,4–6) präsentiert wurde. Diese
verfaßte der Evangelist Johannes 95 n. Chr. auf der griechischen Insel Patmos, wohin er von den Römern ver-
bannt worden war. Es ist ein rätselhaftes, immer neu
furchterregendes und interpretiertes Werk, in dessen
Mittelpunkt das »Tier« auftaucht, die Endzeitbestie.

Dort heißt es, Christus werde zurückkehren, um auf

Erden ein Reich zu errichten, über das er tausend Jahre herrschen werde. Dieser Chiliasmus (gr. chilioi, tausend) ist der Glaube an ein Zwischenreich, das dem endgültigen Weltuntergang vorausgehen werde.

Die Idee stammt aus der jüdischen Kosmologie, wo sie eine Zwischenetappe zwischen dieser Welt und dem Königreich Gottes bezeichnet. Güte, Liebe und Gerechtigkeit werden dort herrschen, befreit wird man sein von den Fesseln des Fleisches. Die Bösen sind ausgeschlossen aus dieser zukünftigen Welt, welche drei Bereiche haben wird: Hölle, Fegefeuer und Paradies.

Während dieses Goldenen Zeitalters im Christentum werden die um Jesu Christ willen Verfolgten herrschen. Die Sehnsucht danach, nachdem so lange das Böse, der Antichrist, in welcher Gestalt auch immer, die Welt beherrscht hatte, kann man leicht im sozialen Milieu von Ausgestoßenen, von Parias, orten. Doch leider ist dieses messianische Zwischenreich auf tausend Jahre begrenzt, um nach einer auf 6000 Jahre begrenzten Weltdauer die »Weltwoche« zu beenden: Tausend Jahre sind wie ein Tag (siehe Psalm 90,4 und II. Petr. 3,8)

Die offizielle Kirchenlehre lehnt diesen Chiliasmus ab. Dennoch spielt er nach wie vor besonders in zahlreichen Sekten eine Rolle – heute mehr denn je – zum Beispiel bei den Wiedertäufern, Baptisten, Adventisten, Zeugen Jehovas und Mormonen. Außerdem ganz unbeeinflußt davon, werden wir diese schwärmerische Idee, diesen verständlichen Traum von einem Paradies auf Erden, im Matto Grosso in Brasilien wiederfinden – wenn auch zeitlich unbegrenzt und jenseits jeden Strafgerichts.

So haben wir in unserem Kulturkreis zwei apokalypti-sche Prophezeiungen, zwei Interpretationen prophetischer Texte. Eine basiert auf dem Versprechen von vorerst tausendjähriger Glückseligkeit, die andere auf dem Letzten Gericht als Abschluß einer einmaligen Schöpfung. Die erste ging, wie erwähnt, der christlichen Ära voraus und hatte ihre Wurzeln in der Hoffnung auf den israelischen Messias, der Wohlstand und Frieden mitbringt und dessen Erscheinen von den frommen Juden ebenso sehnsüchtig erwartet wird wie vor tausend Jahren. Weitergeführt wurde der Chiliasmus bei den Christen durch die Offenbarung des Johannes (20), wo der Apostel ankündigt, daß der Engel Gottes Satan für tausend Jahre fesseln werde, wonach die Gerechten mit Christus wiederauferstehen und für ein Jahrtausend glücklich sein werden in einer Art Schlaraffenland:

»1. Und ich sah einen Engel vom Himmel fahren, der hatte den Schlüssel zum Abgrund und eine große Kette in seiner Hand. / 2. Und er griff den Drachen, die alte Schlange, welche ist der Teufel und Satan, und band ihn tausend Jahre. / 3. Und warf ihn in den Abgrund und verschloß ihn und versiegelte obendarauf, daß er nicht mehr verführen solle die Heiden, bis daß vollendet würden tausend Jahre; und danach muß er los werden eine kleine Zeit.«

Auch der Koran, nach muslimischem Glauben dem Propheten Mohammed (570–632) in dreiundzwanzig Jahren von Allah selbst diktiert, durch jüdische und christliche

Überlieferungen sehr beeinflußt, übernimmt das lineare Bild vom einmaligen Weltzeitalter mit dem Gericht über die Menschheit als Abschluß. Dies ist ein in vielen Koransuren wiederkehrender Grundgedanke:

>»Die Menschen befragen dich über die ›Stunde‹. Sprich. ›Das Wissen ist allein bei Allah‹, und wie kannst du wissen? Vielleicht ist die ›Stunde‹ nahe.« (33,64; Al-Ahzab)
>»Du aber erwarte den Tag, an dem der Himmel einen sichtbaren Rauch hervorbringt / der die Menschen einhüllen wird. Das wird eine schmerzliche Qual sein.« (44,11–12; Al-Duchan)
>»Alles, was auf (Erden) ist, wird vergehen.« (55,27; Al-Rahman)

An diesem Weltendtag wird die allgemeine Wiederauferstehung beim Tone der Trompete des Engels Israfil stattfinden. Alle Menschen werden von Allah gerichtet. Die Guten kommen ins Ahiret, das Paradies, das man über eine rasiermesserscharfe Brücke erreicht, welche über einen Abgrund führt, die Bösen in die Hölle. Dort müssen sie bleiben, es sei denn, daß Allah es anders will (6,129; 11,108).

>»Und wiederum, was lehrt dich wissen, was der Tag des Gerichts ist? / Der Tag, da keine Seele etwas für eine andere Seele zu tun vermag! Und der Befehl an jenem Tag ist Allahs.« (82,19–20; Al-Infetar)
>»An einem Tag, da die Menschen gleich zerstreuten

Motten sein werden / Dann wird der, dessen Waage schwer ist / ein angenehmes Leben genießen. / Der aber, dessen Waage leicht ist / die Hölle wird seine Mutter sein. / Und was lehrt sie wissen, was das ist? / Ein rasendes Feuer.« (101,5–12; Al-Quare-'ah)

Und zusammenfassend verkündet der 186. Vers der dritten Surat, Al-Imran: »Jedes Lebewesen soll den Tod kosten. Und ihr werdet euren Lohn erst am Tage der Auferstehung voll erhalten. Wer also dem Feuer entrückt und ins Paradies geführt wird, der hat es wahrlich erzielt. Und das irdische Leben ist nur ein trügerischer Genuß.«

Die Botschaft ist klar. Vom Tode, vom Gericht, von Auferstehung ist die Rede, und immer wieder steht im Zentrum der endzeitlichen Drohung das alles zerstörende Feuer. Man vergleiche dasselbe Bild in der Bibel:

»Es wird aber der Tag des Herrn kommen wie ein Dieb, und an ihm werden die Himmel mit gewaltigem Getöse vergehen, die Elemente aber in der Gluthitze sich auflösen und die Erde und die Berge auf ihr nicht mehr zu finden sein.« (2. Petrus, 3,10)

Solch ein Endfeuer werden wir in vielen Kulturen antreffen, allerdings in ganz anderen Zusammenhängen. Mit der Verbreitung des Korans und den Spaltungen im Islam verbreiten sich unter den Muslimen ebenfalls apokalyptische Vorstellungen über das zukünftige Reich Gottes. Wie alle übrigen bedeutsamen Konzeptionen wurden in den Hadithen dargelegt, in welchen man die Aussprüche und Handlungen des Propheten Mohammed festhielt, allerdings erst in den späteren. So heißt es: Wenn der letzte Tag der Welt gekommen sei, werde Allah einen Mann aus Mohammeds Familie schicken, der ebenfalls Mohammed heißt. Er werde Gerechtigkeit über die Welt bringen, diese von Ungerechtigkeit reinigen. Sieben bis neun Jahre wird er herrschen – wobei die Traditionen sich nicht einig sind –, wird Geld und Gaben verteilen, und die Erde wird während seiner Herrschaft Überfluß hervorbringen. Mit schwarzen Fahnen wird er aus dem Osten herbeiziehen.

Meist wird dieser Endzeitherrscher in den Hadithen Mahdi genannt, der Rechtgeleitete. Er spielt als letzter Imam besonders bei den Schiiten eine Rolle. Es liegt nahe, daß viele Umsturz- und Widerstandsbewegungen in ihrem Anführer den Mahdi zu sehen glaubten.

Und Ethnologen denken unwillkürlich an den Cargo-Kult im fernen Pazifik und an andere Endzeit-Heilsbringer, in denen besonders die Unterprivilegierten und Kolonisierten ihre unerfüllten Träume von einer gerechteren und glücklicheren Gesellschaft noch letztendlich am Horizont auftauchen sehen.

Das Vermächtnis der Verlierer

Verlassen wir das christliche Europa und den Orient, ohne den es kulturell nicht wäre, was es ist. Versuchen wir, unsere eurozentristische Brille abzusetzen und damit den überheblichen Blickwinkel aufzugeben, die uns eingeprägte Denkweise sei die einzig wahre und gültige, der der »Rest« (!) der Welt sich anzupassen beziehungsweise sich unterzuordnen habe.

Blickt man also so objektiv wie möglich über die Welt, zurück in die Welt, so erzählt sie uns, daß der Europäer, der »weiße Mann«, wo immer er auftauchte, Kulturzerstörer war und Genozid beging. Sechs Millionen Indianer etwa wurden allein im heutigen Lateinamerika ausgerottet, im Namen des Kreuzes, und von Feuerland bis zur Osterinsel, von Kanada bis Indonesien und wo auch immer bietet sich ein ähnliches Bild zerstörender Kolonisierung. Die Gründe für dieses verheerende und wenig ruhmreiche Phänomen, sowohl der beteiligten Nationen als auch der Kirche, sind hier nicht das Thema. Nur sollten wir noch einmal darüber nachsinnen, daß auf diese Weise unzählige Kulturen mit ihren kosmischen Weltvorstellungen, jene schillernden »Patterns of Culture«, für immer verlorengingen und nur mal wenige Reste in Museum dahindämmern. Paradox ist, daß es oft die eifrig kulturzertrümmernden Missionare selbst waren, die in letzter Minute unter anderem auch Mythen von Weltschöpfung und Weltuntergang aufzeichneten.

Was sind Mythen? Das griechische Mythos bedeutet Rede, Erzählungen, Fabel. Mythen sind also mündlich weitergereichte Erzählungen von phantastischen und heroischen Zeiten. Es sind Legenden voller Symbole und mit kosmogonischem Gehalt. Götter und Kulturheroen stehen im Mittelpunkt, in einer Zeit, in der sie sich den Menschen noch nicht entzogen hatten, um auf ewig unsichtbar zu schweigen.

Mythen gab und gibt es in aller Welt. Sie sind also ein allgemeines menschliches Bedürfnis. Sie versuchen, die Welt zu erklären, nähern sich damit den Religionen, drücken gewisse Strukturen der jeweiligen Gesellschaft aus oder, wie Jung es zu erklären versuchte, den menschlichen Geist. Denn der Geist sucht und findet unbewußt gewisse allgemeine Erklärungen der Dinge, die allen Menschen gemeinsam sind, darum die tatsächlich oft erstaunlichen Parallelen in Mythen und Märchen weltweit.

Weltschöpfungsmythen sind so zahlreich, wie es Kulturen gibt. Sie erklären in vielen Varianten den Ursprung der Gestirne und der Erde, der Menschen, der Tiere, des Feuers, der Nutzpflanzen usw. Sie sprechen vom Kampf zwischen Himmels- und Erdbewohnern und von Kulturheroen, welche den Menschen nützliche Dinge brachten. Es wimmelt von Göttern aller Art, auch wenn viele der großen Naturgötter einander weltweit ähneln. Götter, die den Erdbewohnern freundlich oder böse gesinnt sind, solche, die launisch über sie hinwegstampfen. Götter der Oberwelt, des Himmels, der Unterwelt; Erdmütter und Sonnengötter, feuerbringende Kulturheroen, auch Schelme. Alles in allem erzählen die Mythen, wie dank übernatürlicher Wesen und ihrer Kräfte etwas oder die gesamte Welt gelebte Wirklichkeit wurde. Sie schildern die Einbrüche des Übernatürlichen oder Geheiligten in die Welt. Und werden von den Menschen durchaus als wahr empfunden, weil die Existenz der Welt und der alltäglichen Umwelt mit all ihren Gefahren und Katastrophen es beweisen.[6]

Die Suche nach Erklärung der Herkunft, die Frage nach dem Ursprung und dem Sinn der uns umgebenden, uns ernährenden und gleichzeitig bedrohenden Welt ist natürlich. Darüber grübelten nicht nur Priester in stattlichen Tempeln des Orients und Okzidents, sondern ebenso namenlose Menschen, in Zelten inmitten leerer Prärien kauernd, in Bambushütten zwischen tropischen Wäldern, auf kalten Hochebenen und verlorenen Inseln im Ozean. Es schwebten Erinnerungen überall, die mündlich weitergetragen wurden von Generation zu Generation; doch auch unbewußte Erinnerungen, in den Genen gespeichert. Und Zeichen, welche die Natur ringsum immer wieder selbst setzte. Anders ist es mit der Vision der Zukunft: Es gibt nur Träume. Sie können Wunschträume sein, wie vom ewigen Paradies und Schlaraffenland. Oder aber Alpträume, inmitten der sich übermächtig präsentierenden Naturkräfte, denen gegenüber das Menschlein ohnmächtig ist.

Die Reise in die Zukunft, bis zum Ende aller Dinge, mit einer »Zeitmaschine« hat alle Kulturen genauso fasziniert wie die Reise in die Vergangenheit, dem Ausgangspunkt aller Dinge. Nur ist letztere »einfacher«, weil sie als – wenn auch unzuverlässiges – Fahrzeug die Erinnerung hat, während die Reise in die Zukunft nur der Ahnung, der Phantasie, dem Traum folgen kann. Als einzige widersprüchliche Anhaltspunkte hat sie die leibliche Vergänglichkeit einerseits und den ständigen Kreislauf der Natur andererseits. Im Gegensatz zu der Reise in die Vergangenheit, die bis zur Weltschöpfung führen kann, wird man nie die geringste Antwort, nie irgendwelche »Beweise« erhalten. Die Zukunft schweigt.

Die größte aller Fragen: »Wie wird das enden?« wird täglich gestellt, was den nahen individuellen Tod betrifft. Alle Kulturen haben ihren Lebensraum, ihre Umwelt, Himmel und Erde beobachtet. Sie haben den darin enthaltenen Kreislauf gesehen, der sich im Wiederkehren der Jahreszeiten, in der Verpuppung und »Wiederauferstehung« der Schmetterlinge manifestiert, andererseits im nicht aufzuhaltenden definitiven Sterben und Vergehen mit dem damit verbundenen Schmerz und Leiden, dem Abschiednehmen. Alle Kulturen haben Lösungen gesucht oder die Fragen durch kollektiven Glauben zu beantworten versucht.

Noch drückender ist die Frage nach dem Ende der Menschheit und der gesamten Welt. Welche Zeichen gibt es dafür? Visionen? Wegweiser? Menetekel? Gibt es Hinweise natürlicher oder übernatürlicher Art? Sind es nur Spekulationen ohne Echo? Sollte man es aufgeben, darüber zu grübeln und das größte aller Geheimnisse

lieber verdrängen oder professionellen Priestern überlassen?

Um so erstaunlicher war die relative Fülle von Weltuntergangsmythen überall rund um die Erde, wenn auch
nicht so generell wie die der Schöpfungsmythen. Nur
der afrikanische Kontinent überlieferte kaum welche,
abgesehen von den christlich beeinflußten. »War« –
denn viele der kleinen Völker, welche eine Antwort zu
bieten hatten, haben selbst inzwischen bereits ihren begrenzten und relativen Weltuntergang erlebt. Der kam
über sie, als der weiße Mann seine Fahne vor ihrer Hütte
aufpflanzte, sie und ihr Land als sein Eigentum erklärte,
sie versklavte und ausrottete.

Um so kostbarer sind die Vermächtnisse der Verlierer.

Die weltweite Sintflut

> Nun bedeckte die herabstürzende
> Flut die Erde bis an den Fuß des
> Himmels.   *Uitoto, Kolumbien*

Der Untergang der Menschheit hat bereits stattgefunden. Die Erinnerung daran ist weltweit oder umkreiste die Erde. Sie trägt den Namen »Sintflut«. Volkstümlich manchmal »Sündflut« genannt, obwohl das »Sint« doch nur ausdrücken will, es handele sich um eine alles überschwemmende, gewaltige Flut. Doch ist diese Variante und ethische Auslegung des Wortes ganz abwegig? Was wir im christlich-jüdischen Kulturbereich von dieser Weltkatastrophe und Menschheitsvernichtung erfahren, ist, daß sie eine göttliche Bestrafung war, denn »… die Erde war verderbt vor Gottes Augen und voll Frevel«. Und so beschloß der Schöpfer, daß »alles, was auf Erden ist, soll untergehen«. Ebenfalls durch seinen Beschluß sollten allein der gesetzestreue Noah und seine Familie überleben.

Wir alle kennen diese Geschichte, ihren märchenhaften Charakter, auch wenn wir sie nicht im ersten Buch Mose (6ff.) nachgelesen haben, aus unzähligen Darstellungen: Jene Arche, welche Noah mit seinem Weibe, seinen Söhnen und seiner Söhne Weiber bestieg. Doch nicht nur mit der Familie, sondern, so hatte Gott befohlen, »aus allerlei Vieh nimm zu dir sieben und sieben, das Männlein und sein Weiblein ... desgleichen von den Vögeln unter dem Himmel je sieben und sieben, das Männlein und sein Weiblein, auf daß der Same lebendig bleiben werde auf dem ganzen Erdboden«. Und »von den Vögeln nach ihrer Art, von dem Vieh nach seiner Art und von allerlei Gewürm auf Erden nach seiner Art soll je ein Paar zu dir hineingehen, daß sie leben bleiben«.

Noah, bereits sechshundert (!) Jahre alt, tat, wie befohlen. Darauf regnete es »vierzig Tage und vierzig Nächte und vertilgte von dem Erdboden alles, was Wesen hat ... Und das Gewässer nahm überhand und wuchs so sehr auf Erden, daß alle hohen Berge unter dem ganzen Himmel bedeckt wurden.«

Es dauerte hundertfünfzig Tage, bis das Gewässer fiel. Noahs Arche war auf dem Ararat gestrandet, jenem Berg, dessen schneebedeckter Gipfel an der Grenze zwischen der Osttürkei und dem Iran emporragt und wo heute noch abenteuernde Forscher nach den Spuren jener berühmtesten Weltkatastrophe suchen, die nach hebräischer Tradition um 2348 vor Christi Geburt stattgefunden haben soll. Von dort ließ Noah zuerst einen Raben, dann eine Taube ausfliegen, bis sie endlich mit guter Botschaft zurückkehrte: »Ein Ölblatt hatte sie abgebrochen und trug es in ihrem Munde. Da merkte Noah, daß das Gewässer gefallen wäre auf Erden.« Er verließ die Arche mit den Seinen und all dem Getier – und lebte noch dreihundert Jahre.

Auch der Koran übernimmt das Motiv der Sintflut und ihre ethische Begründung, vor allem in der 71. Surat, genannt »Nuh«, Noah. Folgt man den Spuren, so diente wahrscheinlich der chaldäische Sintflutbericht dem biblischen als Urquelle. Keilschrifttafeln aus dem 7. Jahrhundert v. Chr. erzählen davon, doch der Text stammt zweifellos aus einer bereits ungefähr 2000 v. Chr. abgefaßten Urkunde. Mehrere babylonische Texte beschrieben die Sintflut und sind, abgesehen von der monotheistischen Färbung der biblischen Erzählung, als Quelle dieser anzusehen. Das göttliche Strafgericht ist ihnen gemeinsam. Auch in Altägypten war die Sintflutsage bekannt, darauf weist unter anderem eine hieroglyphische Inschrift in einer Kammer beim Königsgrab des Pharao Seti I. (um 1350 v. Chr.) in Theben hin, wo von der »neuen Weltordnung nach Vernichtung des sündigen Menschengeschlechts« die Rede ist.

Hat die Sintflut wirklich stattgefunden? Und wo? Wann? Wie viele Sintfluten, wenn überhaupt, hat die Erde erlebt? Forscher versichern, daß die Erdgeschichte bereits fünf große Katastrophen und Massensterben hinter sich hatte, lange bevor der Mensch aufrecht ging, die letzte vor 65 Millionen Jahren: Vermutlich ein Meteoritenaufschlag, der die Dinosaurier hinwegraffte. Doch von Erinnerung an jene kann nicht die Rede sein. Es gibt indessen überall in der Welt den Mythos von einer Sintflut in ferner Vergangenheit, welche die Menschheit vorübergehend auslöschte. Nicht nur bei den sogenannten Hochkulturen, bei den Babyloniern, den Ägyptern, Persern und Griechen, bei den Azteken, den Maya und Peruanern, sondern auch bei vielen kleinen autochthonen Völkern in dichten Urwäldern und auf abgelegenen Inseln.

Doch woher stammt dieses globale Erinnern? Ist es gebunden an eine einzige, weltweit erlebte Naturkatastrophe, wie es die Bibel beschreibt? Wie es manchmal erstaunliche Übereinstimmungen andeuten könnten? Oder, was naheliegender ist, an lokale und regionale Katastrophen? An eine der unzähligen Katastrophen innerhalb eines gewalttätigen Kosmos mit der Erde als Stecknadelkopf mittendrin? Mehr als einmal sind Meteorite auf unsere Erde aufgeschlagen, das letzte Mal zu Beginn unseres Jahrhunderts. Erdbeben, Vulkanausbrüchen, Wirbelstürmen, Sturmfluten waren die Menschen hilflos ausgeliefert, früher ebenso wie heute. Sie hatten jedoch einst keine wissenschaftliche Erklärung zur Hand und suchten darum die Ursachen und Anlässe im eigenen Kulturrahmen. Und deuteten sie, wen wundert es, nicht selten als Bestrafung durch Götter oder andere mächtige Naturwesen.

Grundlegend ist dabei die Existenz eines Begriffes von »Welt« oder »Erde«, der über die Vorstellung der konkret erfaßbaren Umwelt hinausgeht. Die Welt ist wundersam vielfältig, auch in den sogenannten primitiven Kulturen. Oft ist der Kosmos dreigeteilt, wie etwa typisch bei den Kai auf Neuguinea. In der Mitte befindet sich die flache Erde mit den Menschen, die bis zum Horizont reicht. Darüber ist das Himmelsgewölbe gestülpt. Über diesem ist der Aufenthaltsort der Guten. Unter der Erde befindet sich das Reich der Bösen. Das Himmelsgewölbe ist auch meist der Wohnort der bedeutendsten Götter, während unter der Erde, wie man etwa in Polynesien glaubt, das Reich der Götter der Unterwelt ist; welche nicht unbedingt böse sein müssen, sondern nur andere Kräfte und Funktionen besitzen. Es gibt zahllose Varianten dieses durchaus plausibel erscheinenden und uns selbst vertrauten Weltbildes. Doch auch ein Weltenbaum oder eine Himmelsstütze sind weitverbreitete Vorstellungen. Ihre Beschädigung oder ihr Einsturz sind, wie wir sehen werden, für Weltkatastrophen verantwortlich.

Die Sintflutmythen rund um die Welt ähneln einander, abgesehen von Mythen eines Weltbrandes mit nachfolgender Springflut. Manchmal ist bei solchen Übereinstimmungen der Einfluß der Missionare erkennbar, deren mit drohend erhobenem Zeigefinger erzählten biblischen Sintflutsage irgendwelche Stämme im brasilianischen Urwald lauschten und sich Motive aneigneten.

Auch Noah hat seine Ebenbilder. Zum Beispiel in der altindischen Sintflugsage in Gestalt des Manu, wörtlich: Mann, Mensch. Hier gab es, genau wie in den zyklischen Weltbildern der Azteken und Maya, vier Weltalter. Jedes wurde letztlich durch eine Sintflut zerstört. Manu war einer der Vorfahren der menschlichen Rasse und Urheber menschlichen Wissens. Es hieß, er sei ein Abkömmling des Gottes Brahma gewesen. Eines Tages, als er sich die Hände wusch, sah er einen kleinen Fisch im Wasser, der jedoch niemand anders als der Sonnengott Vishnu selbst war. Auf sein Bitten ließ Manu ihn leben. Dafür versprach ihm der Gott-Fisch, daß seinerseits sein Leben durch einen Fisch gerettet werde bei der nahenden Sintflut. Nachdem der Fisch ausgewachsen war, entließ Manu ihn ins Meer, wo der Fisch ihm dabei half, ein Schiff zu bauen. Als dann die Flut herankam und stieg, zog der Fisch das Schiff bis hoch zu dem Berg Himavat, einem heiligen Berg im Himalaja, Nabel der Erde, auf welchem Zambu, der Lebensbaum, wuchs. Und als das Wasser endlich wieder sank, kam Manu von der Höhe herab mit Ila, der Personifikation des Opfers, und erneuerte die menschliche Rasse. Er war der erste Gesetzgeber und Erfinder des Opfers. Auch die Azteken waren sicher, daß unserer Welt vier Universen vorausgegangen waren, die vier Sonnen. Die erste Sonne, naui-ocelotl (Vier-Jaguar«), endete in einem gigantischen Massaker, die Menschen wurden allesamt von Jaguaren verschlungen. Das zweite Universum nannte sich naui-eecatl (»Vier-Wind«). Quetzalcoatl, die gefiederte Schlange, der Gott des Windes, ließ über der Welt einen magischen Sturm blasen, und alle Menschen wurden in Affen verwandelt. Tlaloc, der Gott des Regens und des Blitzes, zerstörte das dritte Universum, naui-quiauitl (»Vier-Regen«), indem er es in Feuerregen untergehen ließ. Die Erinnerung an die vernichtenden Vulkanausbrüche in dieser Region dürften dabei eine Rolle gespielt haben. Die vierte Sonne, naui-atl (»Vier-Wasser«), unter dem Zeichen von Chalchiuhtlicue, der Göttin des Wassers, endete in einer Sintflut, die zweiundfünfzig Jahre dauerte (viermal dreizehn Jahre). Nur ein Mann und eine Frau überlebten. Aber da sie, im Gegensatz zu Noah oder Manu, den Befehlen des Gottes Tezcatlipoca nicht gehorcht hatten, wurden sie zur Strafe in Hunde verwandelt. Die heutige Menschheit stammt also nicht von diesen Überlebenden ab, sondern sie verdankt ihre Existenz Quetzalcoatl, der Feder-schlange. In Gestalt des hundeköpfigen Gottes Xolotl stahl er in der Unterwelt die getrockneten Knochen der Toten und begoß sie mit seinem eigenen Blute, um ih-nen Leben wiederzugeben, wahrlich göttlich-menschli-che Vereinigung in der Schöpfung.

So befinden wir uns, nach aztekischem Weltbild, heut-zutage in der fünften Welt, die unter dem Zeichen naui-ollin (»Vier-Erdbeben«) steht. Wir werden weiter unten erfahren, ob und wie diese untergehen wird ...[7]

Noch einmal soll auf die Bedeutung der Zahl Vier in vielen Kulturkreisen hingewiesen werden: Die vier Teile der Pflanzen, die vier Tiergattungen, die vier Lebenssta-dien der Menschen, die vier Tugenden Mut, Ausdauer, Großzügigkeit, Treue, die vier Himmelsrichtungen usw. Im alten Ägypten wurde einst die Sintflut von Ra ge-sandt, dem Sonnen- und Schöpfergott. Böse geworden, stieg er zum Himmel auf und sandte Hathor, um eine Sintflut auf Erden auszulösen. Hathor, aus Ras Auge ge-boren, war eine große kosmische Mutter-Gottheit, wel-che die Kräfte der Natur personifizierte, die alles er-schuf und zerstörte. Bei den Kelten haben wir ebenfalls die Flucht und das Überleben auf einer Arche. Im Grie-chenland der Bronzezeit wurden Deucalion und Pyrrha auf dem Berg Parnassus gerettet. Auch hier das Motiv des heiligen Berges, bis heute erhalten als Symbol, wie etwa für die Kurden der Berg Ararat. Gleichfalls bei dem Leptscha in Dardjiling, wo ein Menschenpaar sich nach der Flut auf den Berg Tendong rettete.

Und überall beschäftigte man sich gleichermaßen nach der überstandenen Katastrophe mit der Frage nach den Überlebenden, dem Weiterleben. Es war ja in erster Linie die Zerstörung einer alten Menschheit, zerstört aus welchen Gründen auch immer, nicht der ganzen Erde. Ein Stück Erde und lebendiger Natur mußte übrigbleiben, damit die Menschheit neu anfangen konnte. So bleibt nicht selten ein Paar, auserwählt oder durch »Zufall« übrig, ausgestattet mit nötigem Samen, Vieh und Pflanzen.

Die Eskimos, ständig übergewaltigen Naturmächten ausgesetzt, aufeinanderprallenden Eisbergen, Schneestürmen und lang andauernder Winterfinsternis, stellten sich viele Fragen, wie die des Wiederkehrens des Lichts. Als der Missionar Paul Egede in der Mitte des 18. Jahrhunderts zu den grönländischen Eskimos stieß, vermerkte er in seinem Tagebuch (1734–1740), was sie ihm darüber erzählten.[8] So war auch von den Ingnersoit, den Feuerunholden, die Rede, wie sie das Volk und die Bewohner des Strandes oder Meeres nannten. Jene hätten früher auf der Erde gewohnt, »bevor die große Flut über die Welt kam, und als die Erde umschlug, kam das zuunterst, was früher nach oben gerichtet war«. Sie wußten auch von den »Meereswesen, die früher auf Erden gelebt haben, ehe die große Flut die Welt überschwemmte«. Danach mußte die leere Welt neu belebt werden.

»Ein Mann kam einher nach der großen Flut, für sich allein, ohne Gattin. Statt eines Bartes hatte er Gestrüpp im Gesicht, und mit einem Hügel auf der Erde zeugte er eine Tochter, die er heiratete, und von diesem Paar stammen die Geschlechter der Erde ab.«

Es gab auch die Vorstellung, daß die Erde »in alten Tagen« gekentert sei, so daß die damals lebenden Menschen zu Unterirdischen wurden.
Hier fehlt das strafende Element. Eher ist es das Gefühl, ohnmächtig den übermächtigen Kräften der Natur ausgeliefert zu sein. Ebenso bei den Tchiglit, den Eskimos vom unteren Mackenzie, nach deren Tradition sich auch eine Sintflut über die gesamte Erde ergossen hatte:

> »... so daß alles in Schrecken versetzt wurde ... Die Welt und die Erde verschwanden. Die Menschen kamen durch eine fürchterliche Hitze um, auch durch die Fluten gingen sie zugrunde ... Unterdessen warf ein Mensch, welcher der Sohn der Eule hieß, seinen Bogen in die Fluten. Wind, höre auf zu blasen, rief er, es ist genug. Nachher warf der Mann seine Ohrringe ins Wasser. Da kam das Ende.«[9]

Hier geht ein offenbar mit besonderen Kräften versehener Mensch gegen die Naturgewalten an, mit Erfolg.
Nicht selten stehen auch bei den Sintflutmythen nordamerikanischer Indianer Schöpfungsgötter, Naturgewalten und Kraft der Magie und Meditation einander gegenüber. So bei den Maidu. Nach einem friedlichen Leben, so berichteten sie, überkam sie die Flut, und alle flohen oder ertranken. Nur zwei Menschen retteten sich auf die Berge. Diese beiden machte der »Große

Mann« fruchtbar und segnete sie, daß sie die Welt wieder bevölkerten. Viele Stämme entsprangen ihnen, ja, ein großes Volk, und ein Mann wurde ein berühmter Häuptling. Dieser sah vom Berge hinab auf die einst fruchtbaren Ebenen, jetzt voller Wasser. Er schlief dort und überlegte neun Nächte, ohne Nahrung. Er dachte nur: »Wie konnte dieses tiefe Wasser die Erdoberfläche bedecken?« Nach neun Nächten war er verwandelt, kein Pfeil mit Feuersteinspitze konnte ihn verwunden, er war gleich dem »Großen Mann« im Himmel. Er sprach zu ihm und befahl ihm, die Wasser von den Ebenen abfließen zu lassen, die seine Vorfahren bewohnten. Da riß der »Große Mann« die Seite eines Berges auf, und die Wasser flossen ins Meer ab.[10]

Auch der in nordamerikanischen Indianergeschichten immer wieder auftauchende Präriefuchs oder Coyote darf in den Sintflutmythen nicht fehlen. Ist er doch nicht nur ein Fuchs, der Streiche spielt, sondern ein mystisch-mythisches Tier, ein Wohltäter der Menschheit und Kulturheros. Bei den Ashochimi (oder Wappo) in Kalifornien ertränkte die Sintflut jegliches Leben, doch der Coyote blieb übrig. Er bevölkerte die Welt neu, indem er Schwanzfedern von Eulen, Adlern und Habichten sammelte. Wo vor der Flut Wigwams gestanden hatten, steckte er Federn in den Grund, scharrte Mist um dieselben. Nach einiger Zeit keimten die Federn, schlugen Wurzeln, bekamen Zweige, blühten, bis sie zu Männern und Frauen wurden: Poetische Menschheitserneuerung durch einen Naturgeist.[11]

Bei allen Algonquinstämmen in Nordamerika wurde die

Zerstörung der Welt durch eine Sintflut einem bösen Geist zugeschrieben, repräsentiert durch eine mächtige Schlange. Die Überlieferung – wie auch die der Schöpfung und früher Wanderungen – war niedergeschrieben worden in einer indianischen Bilderschrift, Walumolum, bemalte Stöcke. Sie wurde so benannt, weil sie ursprünglich auf Rinde geritzt und dann bemalt wurde; sie umfaßt 185 zusammengesetzte mnemonische Symbole.[12] Die folgende Doppelseite zeigt einen Ausschnitt aus dem Sintflutbericht der Algonquins (nach Squier).

Oft entfesselten der Schlangendämon, Götter oder Naturwesen aus ganz persönlichen, menschenähnlichen Wesenszügen wie Wut, Neid, Ärger oder Bosheit die Sintflut. So stampfte in Polynesien Tawhiki ungezogen auf den Boden des Himmels, worüber seine Mutter Sintfluttränen weinte. Nach einem anderen Mythos verursachte der Gott Ruahaku die große Flut. Oder ein zwischengöttlicher Konflikt führte zur Flutauslösung, und die Welt wurde darauf wiedererschaffen von Tangaroa, dem Übergott. Kurz, es ist der Einbruch des Übernatürlichen in die irdische Welt, in dramatischer Form. Die Überirdischen zeigen launisch ihre Macht, gegen die man sich nicht wehren kann. Sie sind höchstens durch Opfer zu beschwichtigen, die bis zu Menschenopfern gehen können, als Gipfel der Ohnmacht.

Der Anlaß zur Sintflut mag manchmal jedoch fast läppisch erscheinen; so in Südamerika bei den Akowoio: Ein neugieriger Affe öffnet den Deckel des Loches, in dem sich der Stumpf des die Kulturpflanzen tragenden Weltenbaumes befindet, und sogleich quillt daraus die

1. *Wulamo maskan-ako-anup lennowak makowini essopak.* Vor langer Zeit mächtige Schlange als Menschen auch böse Wesen geworden waren.

2. *Maskanako shingalusit nijini-essopak shawalendamep ekin-shingalan.* Starke Schlange Feind der Wesen geworden war wurden störend einander hassend.

3. *Nishawi palliton nishawi machiton nishawi matta lungundowin.* Beide kämpfen beide schaden beide nicht friedfertig.

4. *Mattapewi wiki nihanlowit mekwaznau.* Kleinere Männer mit Todeswächter kämpfend.

5. *Maskanako gichi penauwelendamep lennowak owini palliton.* Starke Schlange groß beschloß zu zerstören Menschenwesen.

6. *N'akowa petonep amangam petonep akopehella petonep.* Schwarze Schlange sie brachte Monster brachte Sturm Schlange Wasser brachte.

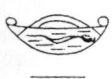

7. *Pehella-pehella pohoka-pohoka eshohok-eshohok palliton-palliton.* Viel Wasser stürmisch viel ging zu den Hügeln viel eindringend viel zerstörend.

8. *Tulapit menapit Nanaboush maska-boush owini-mokom linowimokom.* In Tula (oder Schildkrötenland) auf dieser Insel Nanabush stark von Wesen der Großvater von Menschen der Großvater.

9. *Gishikin-pommixin tulagishatten-lohxin.*
Wesen geboren kletternd auf Tula ist es bereit
sich zu bewegen und zu bleiben.

10. *Owini linowi wemoltin pehella gahani*
pommixin nahiwi tata'li tulapin. Menschenwesen gehen alle aus dem Flutwasser kletternd
(schwimmend?) über Wasser welcher Weg (wo)
Schildkrötenrücken.

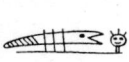

11. *Amangamek makdopamek alendguwek*
metzipannek. Monster des Meeres da waren
viele einige von ihnen fraßen.

12. *Manito-dasin mokol-wichemass palpal payat*
payat wemichemap. Geistertöchter Boot half
kommt kommt kommend kommend allen wird
geholfen.

13. *Nanaboush Nanaboush wemimokom*
winimokom linnimokom tulamokom.
Nanabush Nanabush von allen der Großvater
von Wesen der Großvater von Menschen der
Großvater von Schildkröten der Großvater.

14. *Linapima tulapima tulapewi tapitawi.*
Mann dann Schildkröte dann Schildkröte sie
alle zusammen.

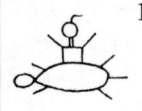

15. *Wishanem tulpewi pataman tulpewi paniton*
wuliton. Furchtsam (zitternd) Schildkröte sie be-
tend Schildkröte laß es geschehen es gut zu machen.

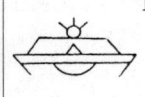

16. *Kshipehelen penkwihilen kwamipokho*
sitwalikho maskan wagan palliwi. Wasser lief
fort es trocknet Ebene und Gebirge Höhlenwege
mächtige oder furchtbare Bewegung überall.

Flut hervor, um die ganze Erde zu überschwemmen. Vergeblich sucht man die Moral von der Geschicht', die fast eine Schelmengeschichte ist.[13]

Doch, wie bei den Eskimos, bleiben nicht selten Götter und mythische Elemente ganz und gar fort. Die Götter werden als Übeltäter ausgespart, und es werden als Gründe der Flut schlicht genannt: Springfluten des Meeres, Hervorbrechen von gewaltigen Quellen aus der Erde oder aus Baumlöchern.

Das mythische Element taucht hingegen wiederum auf, wenn Zerschlagen von Gefäßen und Kalebassen als Begründung angegeben werden. Es ist auch mit der Entstehung des Meeres verbunden, wie bei den Taino: Nachdem Neugierige das Gefäß zerschlagen hatten, in dem sich das Weltmeer eingeschlossen befand, überflutet dieses die Erde.[14] Dieses Bild erinnert auch an das der Weltzerstörung durch die Sintflut, wie sie bei den Maya im Codex von Dresden dargestellt wird: Wasserströme ergießen sich aus dem Maul und dem Körper der heiligen Schlange und einer Vase, die von der Göttin Xchel umgeworfen wird. Und daneben hockt auf der Erde der schwarze Gott des Krieges und der Menschenopfer.

Ausgespart ist das Motiv der Bestrafung durch Götter auch bei den Uitoto, einem Stamm aus dem Süden des heutigen Kolumbiens. Sie besaßen die Vorstellung eines Kosmos aus fünf übereinanderliegenden Welten, die Welt der Menschen in der Mitte befindlich. Bereits drei Sintfluten und Sintbrände suchten die Erde heim. Die Flut wurde, so erzählten sie, durch den Raub des axtartigen Papageien ausgelöst, der den Jukabaum gefällt hatte;

wobei der Papagei als Neumond und der Jukabaum als alter Mond zu deuten sind. Nun wurde dieser Neumond unter der Erde geraubt, das heißt, der Mond schwand, und es blieb nur der dunkle Mond übrig, der die Ursache einer gewaltigen Flut war: »Nun bedeckte die herabstürzende Flut die Erde bis an den Fuß des Himmels ...«

In einer anderen Flutsage der Uitoto geschah das Unheil infolge der »Zerstümmelung des roten Papageis«, das heißt des Neumondes. Nach wieder anderer Variante entsprang die Sintflut durch die Verstümmelung eines Papageis, welcher einem Heiler namens Dyaere gehörte. – Der Papagei hatte Früchte von einem Kalebassenbaum gepflückt und zerhackt, und zur Strafe hatte man ihm Schwanzfedern ausgezogen. Dyaere, der sehr an seinem Tier hing, geriet in schrecklichen Zorn und zog »durch sein Wort« den Regen herbei:

»Nun berauschte sich Dyaere durch Tabaksaft, steckte den Lippenpflock in die Unterlippe, setzte sich auf das Bett über der Tür und vernichtete mit dem Pflock die Erde und die zuerst heraufgekommenen Stämme. – Dabei fing es an zu regnen, der Himmel hörte damit nicht mehr auf und (sank) nach unten ... Nichts blieb übrig. Die Dörfer an allen Strömen ließ er alle auf einmal ertrinken ... Die Menschen konnten nicht weglaufen, und alle Stämme, die zuerst entstanden waren, ließ Dyaere ohne Mitleid ertrinken, weil man seinem Papagei die Schwanzfedern ausriß. Die Stämme, die zuerst (auf der Erde) kamen, vernichtete Dyaere. Danach sind wir gekommen.«

So erzählten es die Uitoto, ein am Orteguasa, einem Zufluß des Amazonas, lebender Stamm, dem deutschen Ethnologen Preuß, als er 1913 auf einer Forschungsreise zu ihnen stieß.[15] Dieser Sintflutmythos zeigt nicht nur die Vernetzung der Naturvorgänge, die für die Waldstämme fundamentale Harmonie zwischen Mondwechsel und Vegetation, zwischen Erde und Gestirnen; er ist auch der fast einzige bekannte Fall, wo nicht ein Gott oder Naturgeist, sondern ein Mensch selbst, mit magischen Kräften begabt, aus Rache das gesamte Universum zum Umkippen gebracht hat! (Dagegen taucht weltweit immer wieder ein weiser beziehungsweise mit besonderen Kräften begabter Mann als positive Gestalt, als Retter aus der Flut und Gründer des neuen Menschengeschlechts auf.)

Um zu prüfen, ob das Wasser sinkt, werden auch in südamerikanischen Sintflutsagen häufig Tiere ausgesandt, etwa eine Ratte. Bei den Karaya allerdings schickt der Urheber der Flut selbst, der feindliche Dämon Anatiwa, Fische aus, um die auf den Berg am Tapirapé Geflüchteten herabzureißen. Hilfreich dagegen ist die Rolle der Tiere bei den Kaingang. Dort holt das Wasserhuhn Erde herbei, um für die Geretteten das Land auf dem Gipfel zu vergrößern. Und bei den Aré, ebenfalls einem südamerikanischen Stamm, faßt ein Ibis mit seinem langen, gekrümmten Schnabel so viel wie möglich Erde, um Berge daraus zu häufen.[16]

Wie wir beobachten, ist das Motiv göttlicher Bestrafung oft nicht sichtbar, oder es wird variiert. Es kann dadurch aufkommen, daß Schamanen, Stammesälteste, Priester oder Geheimbünde über die tieferen Gründe dieser in der Kollektiverinnerung weiterlebenden Sintflut grübelten, weil die konkrete Tatsache des Überschwappens der Naturkräfte und der daraus folgenden Menschheitsvernichtung sie nicht befriedigt. So verkündeten sie als Ursache Verstöße gegen Naturheroen, gegen Sitte und Tradition, gegen Tabus, was ihre eigene Vorrangstellung und Macht im Stamme festigen konnte; doch diese Mutmaßung soll nicht verallgemeinert werden.

Solche Verstöße haben wiederum mit moralischen Verstößen oder Sünden in unserem Sinne, welche Auslöser der biblischen Sintflut waren, wenig zu tun. Beispiel: Die Kunai im Südosten Australiens wußten, daß einst ihre höchste Gottheit Mungan ngaua Feuer und Flut über sie kommen ließ, weil einer von ihnen die Geheimnisse der Initiationsriten an Frauen verraten hatte.[17] Und bei den Dajak auf Borneo kam die Flut als Strafe, weil sie versehentlich eine Boa getötet, gebraten und gegessen hatten. Der Verstoß muß keine böse Absicht sein. Auf den polynesischen Gesellschaftsinseln übertrat ein Fischer ahnungslos ein Tabu, als er an einer Stelle fischte, wo Ruahata (der Neptun der Insulaner) schlief. Der Angelhaken hatte sich im Haar des Gottes verfangen, der darüber mehr als erzürnt war. Zur Strafe müsse alles sündhafte Land untergehen. Dennoch kam Mitleid in ihm auf, und er befahl dem Fischer, sich zur Insel Toa-marama zu begeben (Ostseite von Raiatea), zusammen mit Weib, Kind und einem Freund. Der Fischer folgte dem Rat und begab sich, ebenfalls unter Mitnahme von Haustieren, Hunden, Schweinen und

Hühnern auf eine Anhöhe. Diese Überlebenden wurden die Stammesväter der gegenwärtigen Bewohner, für die heute die Farero, Korallen und Muscheln, die versteinert in den Bergen liegen, Beweis für diese stattgefundene Sintflut sind.[18]

Einen originellen »Kolonialaspekt« enthält eine Sintflutsage aus Westaustralien, von A. Oldfield überliefert.[19] Es habe zwei Stämme am Strom gegeben, die Schwarzen und die Weißen. (»Weiß« galt seit Eindringen der Engländer als Stamm.) Die Weißen waren kräftiger, so wurden sie stolz und brachen den Verkehr mit den Schwarzen ab. Da kam ein großer Regen, eine gewaltige Flut. Die Schwarzen zogen sich zurück. Als die Flut abnahm, war statt des Flusses das Meer, und dieses hatte die stolzen Nachbarn verschlungen.

Westaustralien vom Moore River bis Shark Bay besitzt einige Flutüberlieferungen, was verwundern könnte in solch einem regenarmen Gebiet. Wir haben indessen gesehen, daß Sintflutmythen auf keine spezifische Umwelt begrenzt sind. Nur in Afrika sind sie unbekannt, es sei denn, allzu erkennbar durch Missionare beeinflußt. Universell bedeutet die vorzeitliche Sintflut: Neuschöpfung der Menschheit nach Vernichtung, aus welchen Gründen und Anlässen auch immer. Die Suche nach Vollkommenheit und Harmonie, den Göttern gefallend und gehorchend, die Traditionen und Gesetze respektierend. Symbol der Reinigung, des Todes und der Auferstehung. Diese Wiederauferstehung kann, wie die folgenden Kapitel zeigen werden, zyklisch sein oder im definitiven Weltuntergang enden. Im indischen Weltbild könnte einzig der individuelle Mensch diesen Prozeß der Transmigration überwinden, in den er hineingeraten ist wie in einen Strudel, mitgezogen wird wie in einem Fluß. Nur er kann sich selbst befreien aus Illusion und Schmerz.

Auch der alttestamentarische Gott zeigte sich laut Mose (I,8,20–22) bewegt, als Noah, kaum gelandet, ihm sogleich ein Opferfeuer entzündete:

>Das Leben wuchs von neuem auf Erden, und der himmlische Herr, berührt von dem lieblichen Geruch von Noahs Brandopfer, sprach in seinem Herzen: Ich will hinfort nicht mehr die Erde verfluchen um der Menschen willen; denn das Dichten des menschlichen Herzens ist böse von Jugend auf. Und ich will hinfort nicht mehr schlagen alles, was lebt, wie ich getan habe. Solange die Erde steht, soll nicht aufhören Saat und Ernte, Frost und Hitze, Sommer und Winter, Tag und Nacht.<

Solange die Welt steht? Wird sie also nicht ewig sein?

Prophezeiungen der Indianer
NORDAMERIKA

> Es gibt keinen Tod, nur einen Wandel
> der Welten.   *Chief Seattle, 1855*

Für die indigenen Völker Nordamerikas waren Glaube
an Naturgötter und Geister, an Magie und Mythen Weg-
begleiter sowohl ihres täglichen Lebens als auch ihrer
langen Geschichte, beginnend mit der Schöpfung der
Menschen. Oder, wie der Franzose Le Beau es in üblicher
eurozentristischer Überheblichkeit ausdrückte, als er
1731 durch unerschlossene indianische Gebiete reiste:

> »... Auch die barbarischsten Völker haben zu allen Zei-
> ten einen Begriff vom Gott und Schöpfer aller Dinge
> gehabt ... Sie nennen ihn den Großen Geist ... Sie ver-
> ehrten Geister von allerlei Gattungen.«[20]

Der Glaube an die Beseelung sowohl von lebenden Wesen als auch unbelebter Dinge, der Totemismus, machten die magische Bindung an die Tierwelt, an die Natur
allgemein, deutlich. Schöpfungsmythen waren sehr verbreitet, sicher mehr, als uns überliefert wurde. Mythen,
bei denen die Vorfahren aus dem Untergrund zur Erde
aufstiegen und nach dem Tode dorthin wieder abtauch-
ten. Die Erde wurde bei den ackerbauenden Völkern,
wie den Pueblo-Indianern, als Mutter und Nahrungsge-
berin verehrt.

So hatten die Indianer Nordamerikas auch eine Vision von der Zukunft, der Begrenzheit und dem Ende der Welt. Sie haben dabei Hoffnungen und Erwartungen entwickelt, ebenso Voraussichten voll Pessimismus. Sie alle waren verknüpft mit ihrer tragischen Geschichte seit Auftauchen des weißen Mannes, der über ihre Seelen, ihren Glauben ebenso hinwegtrampelte wie über die heilige Mutter Erde, blind vor Arroganz, geifernd nach Gold, Gütern und Land. Nichts wußte er anzufangen mit den wahren Werten der Ureinwohner, Werten, so leuchtet es heute auch manchem Amerikaner trotz fortdauernder Cowboy-Mentalität ein, die zu den kostbarsten kulturellen und geistigen Inspirationen der Menschheitsgeschichte gehörten.

Wenn die verbreitete Erinnerung an die Sintflut oft den Aspekt einer vor- oder frühgeschichtlichen geologischen Katastrophe mit ihrer mythischen Verbrämung besitzt, so wird der zu erwartende Weltuntergang bei den nordamerikanischen Indianern weitgehend durch moralische Degradierung und Verfall ausgelöst. Aber auch Hoffnung kommt zum Vorschein, wenn auch nicht für die gesamte Menschheit.

Die Mandan gehörten zu den Prärieindianern, die ursprünglich zwischen dem Mississippi und den Rocky Mountains lebten, als Bodenbauern in Siedlungen mit Erdhäusern. Sie kannten einen Kulturheros: »Einsamer Mann« oder »Erster Mensch«. Rettung geschah ihnen bei der Sintflut durch ihn, weshalb sie jährlich ein Erinnerungsfest feierten, die Okipa-Zeremonie, die gleichzeitig zur Beschwichtigung der Naturgeister diente; mit

Fasten, Tänzen, Mutproben, Wahl eines neuen Stammesführers. Die ersten Europäer lobten ihre Friedlichkeit und Gastfreundlichkeit und brachten ihnen die Pocken. Auf etwa hundert Menschen dezimiert, bezogen sie ein Reservat. Heute gibt es noch etwa dreihundertfünfzig, doch vermischt. Am 6. Januar 1975 starb die letzte reinblütige Mandanfrau. So hat sich ihre Vision vom Weltende realisiert.

Angesichts dieser leider typischen Geschichte der Indianerausrottung erscheint es nicht verwunderlich, daß der Glaube an einen nahen Untergang auf den des eigenen Stammes konzentriert war. Er enthält kein Naturmotiv, nur ein seelisches. Die Prophezeiungen waren indessen uralt, schon lange vor Erscheinen der Kolonisatoren bekannt.[21] Ähnlich waren die Voraussagen bei den Chickasaw, einst im Südosten ansässige Maisbauern, die Mitte des 19. Jahrhunderts in das sogenannte Indianerterritorium nach Oklahoma zwangsumgesiedelt wurden. Und gleichfalls bei den Winnebago, welche einst im Nordosten von Wisconsin Bohnen, Mais, Kürbis und Tabak anbauten und auf Büffeljagd gingen und mehrfach umgesiedelt wurden. Nachkommen leben heute noch im Reservat in Nebraska, ein Teil kehrte nach Wisconsin zurück.

Bei den Algonquins ist wie bei den Irokesen der Weltuntergang aber, wenn auch mit der Gestalt des weißen Mannes verknüpft, nicht auf den Untergang des eigenen Volkes begrenzt, sondern er ist universell und steht in Beziehung zum Feuer. Ein kleiner Stamm, der bis zum

17. Jahrhundert am kanadischen Ottawa River lebte, gab der großen Sprachgemeinschaft der Algonquins ihren Namen. Sie lebten von Jagd, Fischfang, etwas Maisbau. Die Bezeichnungen »Wigwam« und »Squaw«, jedem Liebhaber von Indianerlektüre geläufig, stammen aus ihrer Sprache. Durch Kriege und Pelzhandel wurden sie über ein weites Gebiet zerstreut, eingeschleppte Krankheiten und Alkohol dezimierten sie.

Sie kannten mehrere Varianten des Weltendes: So erzählten sie:

> »Manabozha (der Schöpfer) soll noch auf einer ungeheuren Eisscholle im Meer leben; wir fürchten, daß die Weißen einst sein Versteck entdecken und ihn vertreiben werden. Dann steht das Ende der Welt bevor; denn sobald er wieder seinen Fuß auf die Erde setzt, wird sie auflodern und jedes lebende Wesen in den Flammen umkommen.«[22]

Vorstellungen von einem Weltbrand in einer Region mit verheerenden Wald- und Steppenbränden ist zwar nicht verwunderlich. Doch ist diese Idee verbunden mit dem Wiederauftauchen des Schöpfergottes, der sich nach getanem Werke (wie in zahlreichen Kulturen der Fall) zurückgezogen hatte und sich jetzt als furchtbarer, unbarmherziger Zerstörer seiner eigenen Schöpfung erweist, zornig über die Vertreibung durch den weißen Mann. (Nach einer anderen Variante sandte der zornbebende Erdschöpfer den Menschen eine tödliche Pest.) Doch es heißt schließlich: Diejenigen, welche die von

Manabozha befohlenen Traditionen und Lehren befolgt und nicht verletzt hatten, werden von dem Feuer verschont bleiben. Er wird sie schützen, und sie werden eine neue Welt bewohnen, die er schaffen wird.[23]

Eine Art Weltgericht des Schöpfergottes also mit Auslese der Gerechten und Gesetzestreuen, vor welchem die nichts respektierenden weißen Männer auf keinen Fall werden bestehen können.

Die Irokesen, Feinde der Algonquins, lebten im östlichen Waldland. Sie bildeten einen Bund aus sechs Stämmen und waren später überzeugt, die Gesetze ihres Bundes hätten der Verfassung der USA als Vorlage gedient. Engels stellte die Sozialstruktur der Irokesen in den Mittelpunkt seiner Thesen, konnte sogar Karl Marx damit begeistern. So tauchte tatsächlich indianisches Gedankengut im wissenschaftlichen Sozialismus auf! Kern des Bundes bildeten die Onondaga, und dies galt auch als Hauptort (»Auf der Spitze des Berges« oder »Volk der Hügel«). Dort brannte das heilige Feuer.

Dieses zentrale Feuer bedeutete für die Irokesen Licht und Lebenskraft. Das Fest des Feuers war bei ihnen – ebenso wie bei den Algonquins – von höchster Bedeutung. Dabei wurde das alte Feuer gelöscht, und das neue Feuer wurde durch Reiben eines Holzstabes entzündet: Tod und Wiederauferstehung, Erhaltung ihres Volkes, der Menschheit schlechthin.

Typische Vertreter des Waldlandes, waren die Irokesen Bodenbauern, bauten Mais, Bohnen, Kürbisse, Tabak, Sonnenblumen und Hanf an und gingen auf die Jagd und zum Fischfang. Traum und Visionen hatten hohe Be-

deutung bei ihnen. Sie lebten in Clans, in denen Matri-
archat herrschte. In Kämpfe zwischen englischen und
französischen Kolonialherren verwickelt, wurden sie
1784 zwangsumgesiedelt. Heute überleben noch etwa
zehntausend zum Irokesenbund gehörende Menschen,
die sich als Kleinbauern und städtische Proletarier
durchschlagen.

Die Irokesen wissen: Der Weltuntergang wird eintreffen, wenn ihr heiliges Feuer auf dem Onondaga endgültig erlischt. Ihr Heiligtum, das als Schutz für die ganze
Welt brannte.

Die Kickepu waren ein algonquinsprachiger Stamm aus
dem Nordosten, der Jagd und Maisanbau betrieb. Mehr
und mehr bedrängt, schlossen sie sich dem 1811–1813
von Tecumseh geschaffenen Bündnis an. Tecumseh
war ein Shawnee-Häuptling, der mit Hilfe dieser Vereinigung gegen das weitere Vordringen der weißen Siedler
kämpfen wollte. Sein Bruder Tenskwatawa skwate
(»Das offene Tor«) wurde als Medizinmann und Prophet
berühmt.

Die Propheten spielten in den nordamerikanischen Kulturen eine wichtige Rolle. Dem ursprünglichen Wort-
sinn nach ist ein Prophet ein Vermittler göttlicher Bot-
schaften und Offenbarungen. Er findet seine Berufung
und kann seine besonderen Gaben ausüben durch Trance, Ekstase, Träume, Visionen. Er ist ein Warner, der
überall vor dem Weltende auftritt. Bei den nordamerikanischen Stämmen war er neben dem Kriegsführer
und dem Medizinmann traditionell die hervorragendste
Persönlichkeit, deren Einfluß am weitesten in die Zu-

kunft reichte. Ganze Stämme wurden durch ihn inspiriert. Als solche Propheten im 19. Jahrhundert auftauch-
ten, wurden sie von den Siedlern und Indianerbehörden
mit allergrößtem Argwohn beobachtet, denn ihr Einfluß breitete sich aus.

Tenskwatawa skwate verkündete bereits 1806 eine große Weltkatastrophe. Nur strikte Ablehnung der weißen
Zivilisation, so predigte er, könne die Indianer davor
retten. Als sein Nachfolger erhob der Prophet Känakuk
die Stimme. Er verhieß seinem Volk 1819 – und wir
werden in Südamerika sehen, wohin solche Prophezeiungen führen können – eine Art Paradies, an moralische
Gesetze geknüpft. Er wies ihnen eine Karte mit einem
Weg vor, der durch Feuer und Wasser führte und dem sie
folgen müßten, um geläutert in die ewigen Jagdgründe,
frei von Feinden, zu gelangen, welche durchaus diessei-
tig gedacht waren.[24] Beeinflussungen von Missionaren
sind dabei allerdings nicht auszuschließen.

Doch die Kickepu sollten das Weltende der Weißen und
das Paradies auf Erden niemals erreichen. Statt dessen
erwarteten auch sie Vertreibungen, Zwangsumsiedlun-
gen und Zersplitterung. Rund zweitausend überleben
heute noch in verschiedenen Reservaten. Viel radikaler
war in seinen Prophezeiungen der Medizinmann des
Volkes der Paiute, Tavibo, der um 1870 starb. Die Paiute kamen aus dem Kulturareal des Großen Beckens,
einer großen abflußlosen Mulde innerhalb der Rocky
Mountains, voller Steppe und Wüste. Sie waren Samm-
ler und Jäger, bauten auch etwas Mais an. Ihre Haupt-
nahrung bestand aus Grassamen, Nüssen und Wild-

pflanzen. Sie lebten in kleinen Siedlungen mit Wicki-ups, kuppelförmigen Hütten aus Ästen, und kannten keine Häuptlinge. Schamanen hatten die Leitung der Jagd, sie heilten und besaßen dank ihrer Inspirationen großen Einfluß.

Tavibo, der Schamane, zog sich eines Tages in die Berge zurück, wo er Visionen über das künftige Schicksal seines Volkes empfing. Zurückgekehrt verkündete er: Die Erde werde die Weißen verschlingen. Dann könnten die Indianer deren Gebiete in Besitz nehmen. Er teilte mehrere Varianten seiner Prophezeiung mit, so etwa, daß zwar die Indianer ebenfalls verschlungen, doch wiederauferstehen würden. Zweifler jedoch müßten mit den Weißen zusammen in der Erde verbleiben.

Weit größeren Einfluß und schwerwiegende Folgen sollten, und dies nicht nur beim Volk der Paiute, die Prophezeiungen seines Sohnes Wovoka (etwa 1856–1932) haben. Zu dieser Zeit waren die Paiute schon in Reservate umgesiedelt worden, wohin 1874 die letzten freien Stammesmitglieder folgen mußten.

Eine Sonnenfinsternis am ersten Januar 1889 versetzte die wurzellos gewordenen Stammesmitglieder in schreckliche Erregung und verbreitete das Gefühl drohenden Unheils. Sie glaubten, ein Ungeheuer wolle die Sonne verschlingen. Dann würde ewige Finsternis herrschen, alles Leben erlöschen. Gleichzeitig hatte Wovoka, der von seinem Vater die visionären Anlagen geerbt hatte und schwer krank daniederlag, Visionen, die seinen Geist ins Jenseits entschweben ließen. Er erblickte Gott und alle längst Verstorbenen, die sich in einem

Land voller Glückseligkeit und Überfluß bewegten. Zurückgekehrt ins Diesseits, verkündete er, was die göttliche Stimme ihm aufgetragen hatte: Alle toten Indianer würden wiederauferstehen, die ausgerotteten Bisonherden zurückkehren und der weiße Mann bei einem baldigen Weltuntergang vernichtet werden. Doch die Indianer müßten alles Schlechte vermeiden, keinen Alkohol mehr trinken und keine Kriege mehr führen. Gegenseitige Liebe müsse herrschen. Ein Messias würde erscheinen und das Land als Paradies neu geschaffen werden. Um sich auf diesen idealen Zustand vorzubereiten, solle man besondere Tänze abhalten, die Wovoka sie lehren werde.

So entstand im Jahre 1889 die »Geistertanzbewegung« im Reservat Walker Lake. Man tanzte sechs Tage und Nächte, trug dazu ein Baumwollhemd, auf das man die Visionen malte und das, davon war man überzeugt, unverwundbar machte.

Diese Bewegung, aus Verzweiflung geboren und die Hoffnung im Spirituellen suchend, breitete sich in rasender Geschwindigkeit in den Reservaten aus und erreichte einige Monate später auch die Sioux in ihren Reservaten in Süd- und Norddakota. Sie waren ursprünglich ein halbseßhafter Stamm, der in Erdhäusern lebte und Ackerbau betrieb. In »Neulebensfeiern«, sogenannten Sonnentänzen, feierten sie den Höhepunkt des indianischen Jahres. Sie kannten auch Kriegs- und Jagdtänze mit Beschwörungen und Visionen. Ihre Calumet-Zeremonie diente zur Stiftung eines Freundschaftsbundes zwischen zerstrittenen Stämmen. Dabei

Siouxindianer beim Kriegstanz
(Litho nach einer Zeichnung von R Cronau)

rauchte man die »Friedenspfeife« mit paarweisen Roh-
ren, die den kosmischen Dualismus Himmel – Erde
symbolisierten: weibliches Prinzip war Frieden, Nacht,
Mond, männliches Prinzip Krieg, Tag, Sonne. Die
Sioux, durch Zwangsumsiedlung, Vertreibung und
Hunger aufgebracht, tranken Wovokas Prophezeiungen
in sich hinein. Bald tanzten auch sie in Trance und
glaubten den Endzeit-Messias bereits auf Erden. Sehr
schnell nahm die Bewegung unter Leitung des Sioux-
Hunkpapa-Häuptlings Sitting Bull (Tatanka Yotanka;
um 1830–1890) die Form eines Aufruhrs an, dadurch
verstärkt, daß die Teilnehmer sich unverwundbar fühl-
ten. Die Regierung verfolgte das mit wachsendem Un-
behagen, zumal Sitting Bulls Vision lautete:

> »Auf dieser Welt hat der Große Vater dem weißen
> Mann alles gegeben und dem Indianer nichts. Aber so
> wird es nicht ewig bleiben. In der anderen Welt wird der
> Indianer so leben wie der weiße Mann und der Weiße
> so wie der Indianer. Der Indianer wird Weisheit und
> Macht besitzen, und der weiße Mann wird hilflos und
> unwissend sein, mit nichts als Pfeil und Bogen. Denn
> in Kürze wird die Welt in Flammen verzehrt werden
> und untergehen. Dann, im nächsten Leben, wird den
> Indianern alles gehören.«[25]

Angesichts des drohenden Aufstandes griff die Regierung zu brutalen Maßnahmen. Sie schickte die India-
nerpolizei aus, um Sitting Bull, seinen Sohn Crow Foot
und mehrere seiner Gefährten zu verhaften. Aber bei

der Festnahme am 15. Dezember 1890 wurde Widerstand geleistet, und ein Schußwechsel hinterließ mehrere getötete Polizisten und Indianer. Unter ihnen war Tatanka Yotanka alias Sitting Bull.

Dieser Tod war ein schwerer Schlag für die Indianer. Als einzige Alternative blieb, sich dem Leben als Gefangene in den Reservaten zu fügen. Doch auf dem Wege dahin wurden am 29. Dezember 1890 etwa dreihundert Männer, Frauen und Kinder im Kreuzfeuer von über siebenhundert Soldaten des 7. Kavallerie-Regiments und vier Kanonen niedergemäht. Der Ort, Wounded Knee, ist bis heute tragisches Symbol indianischen Widerstandes und kein Ruhmesblatt in der amerikanischen Geschichte. Doch die weißen Männer hatten noch einmal bewiesen, daß die Erde sie nicht verschlang ...

Black Elk, ein Überlebender, sagte später: »Dort starb der Traum eines Volkes.« 1892 gab Wovoka, bedrängt und bedroht, das Zeichen zur Beendigung des Geistertanzes, der zahlreiche Stämme zu Hoffnungsträumen inspiriert hatte.

Besonders interessant ist hier die Erwartung eines Messias, einer universellen Endzeiterscheinung, Hoffnungsträger einer zukünftigen besseren Welt, wenn nicht des Erdparadieses. Er spielt in den drei monotheistischen Religionen eine Rolle. Der Messias hat als göttlicher Gesandter den Auftrag, das Reich Gottes auf Erden zu errichten. Während die Christen ihn in Jesus erkannten, erwarten ihn die orthodoxen Juden noch. Doch überall, von Amerika bis Ozeanien, kann diese Messias-Gestalt bei religiösen Bewegungen mit Endzeitcharakter, aus

Unterdrückung erwachsen, durch inspirierte Männer und Frauen ausgelöst, in Erscheinung treten. All diese Bewegungen sind dennoch durch Missionare verschiedenster Kirchen und Sekten – im Fall der Geistertanzbewegung durch mormonische – beeinflußt und Konsequenzen der sterbenden, zerstörten Kulturen.

Heute überleben etwa viertausend Paiute-Indianer vor allem in Nevada als Farmarbeiter. Wie die Sioux sind sie in eine Vielzahl kleiner Reservate aufgeteilt.[26]

Besonders bei den kalifornischen Indianern gibt es zahlreiche überlieferte Weltuntergangsmythen. Sie alle sehen die Weltschöpfung zyklisch und tragen trotz Erdpessimismus eine gewisse Hoffnung in sich. Die Vorstellung von der Zerstörung der Welt durch Flut oder Feuer, oft mit einer Begleiterscheinung, die vom Himmel fällt, ist sehr häufig. Zahlreiche dieser Mythen schildern gleichzeitig die Neuschöpfung der Erde nach der großen Vernichtung, zum Beispiel der Weltuntergangsmythos bei den Pomo.

Dort vernichtete der Schöpfergott Marumda eine Reihe von Welten. Als Grund der Vernichtung der ersten wurde die Schlechtigkeit der Menschen genannt, die unter anderem ohne Rücksicht auf Verwandtschaft und Familienverband geheiratet hatten. (Kein moralisches Motiv in unserem Sinne also auch hier, sondern Verstoß gegen Sitte und Tradition!) Ein neuer Himmel wird geschaffen, um den alten zu ersetzen, der bald herunterfallen wird. Auch die Menschen der zweiten Welt enttäuschten Marumda, so mußte er auch diese verbrennen. Bei der dritten setzte er Häuptlinge ein, lehrte die Menschen, Nahrungsmittel zu erwerben und viele andere gute Sitten und Bräuche. Vergeblich offenbar, denn er vernichtete sie durch Eis und Schnee, wie auch die vierte, die er durch einen Wirbelsturm untergehen ließ. Die fünfte, bei der er die Menschen die Einweihungsriten lehrte, wird Bestand haben.[27]

Hier tauchte wieder einmal die bereits erwähnte Zahl Vier im Weltzyklus auf, wie bei den Azteken und Maya. Dort steht allerdings die fünfte Weltperiode ebenfalls unter einem schlechten Stern. Auch die Angehörigen des Chippewah-Volkes, die heute im White Earth Reservat in Nord-Minnesota leben, haben diese Vorstellung von der Reise durch vier Welten. Jede Welt geht zugrunde und führt durch eine Periode der Reinigung und Läuterung in eine neue Welt. Danach befinden wir uns heute in der Reinigungsphase vor der letzten, der vierten Welt. Ein Angehöriger des Chippewah-Volkes, Sun Bear, reist sogar umher, um die Menschen zu lehren, wie sie angesichts besonders der ökologischen Zerstörungen überleben können, und warnt vor Hungerzeiten.[28]

Auch die Kato, ein kalifornischer Athapasca-Stamm, wissen, daß ein neuer Himmel den alten ersetzen wird, dessen Zusammenbruch nahe bevorsteht.[29]

Die Choktaw aus dem südöstlichen Waldland dagegen, ursprüngliche Ackerbauern bis zu ihrer Vertreibung ins Reservat in Oklahoma, sehr dezimiert durch Krankheiten und Alkohol, verbanden in ihren Visionen Weltuntergang mit Hoffnung. Die gegenwärtige Welt, so wissen sie, wird durch Feuer vernichtet werden. Aber sie wird schöner und besser wiederhergestellt werden.[30]

Neu wird die degenerierte Welt auch erschaffen werden bei den Maidu. Diese waren einst ein Erntevolk in Zentralkalifornien, das von Jagd und Fischfang lebte und ein typisches Schicksal erlitt: Sie waren die Leidtragenden der Far-West-Bewegung, der territorialen Westexpansion und des Goldrausches. Eingeschleppte Krankheiten und Morde dezimierten sie rapide von achttausend auf vierhundert Mitglieder. Trotz heftiger Widerstände wurden sie 1863 unterjocht und in Reservate gesperrt. Heute zählen sie rund zweihundert, haben meist ihre Identität verloren, leben arbeitslos in ihren Reservaten, flechten Körbe für Touristen.

Nach der Erschaffung der Welt überschritt der Erdmacher, der Schöpfergott der Maidu, diese und begutachtete sie. Dann wandte er sich an das zuletzt geschaffene Paar: »Ihr seid das letzte Volk ... Wenn diese Welt verbraucht ist, werde ich sie noch einmal machen, und wenn ich sie erneuert habe, werdet ihr eine neue Geburt kennen.«[31]

Wird die Hoffnung siegen? Dies hängt, so sagen viele dieser Voraussagen der nordamerikanischen Urvölker, vom sittlichen und sozialen Verhalten der Menschen ab.

»Ein paar Monde noch ...« So beginnt die berühmte Rede von Seattle, dem Häuptling des Stammes der Duwamish, als er 1855 einen Vertrag mit dem Gouverneur des Territoriums Washington schloß, der seinem

Stamm ein kleines Reservat zuwies. »Ein paar Winter. – Und auch nicht einer der Nachfahren der mächtigen Völkerscharen, die einst, vom Großen Geist beschützt, über dieses weite Land zogen und glücklich in ihrer Heimat wohnten, nicht einer wird bleiben ... Doch warum sollte ich das unzeitige Schicksal meines Volkes beklagen? Stamm folgt auf Stamm und Volk auf Volk, wie die Wellen des Meeres. Dies ist die Ordnung der Natur, und Bedauern ist zwecklos ...« Und er schloß: »... denn die Toten sind nicht machtlos. Tot, sagte ich? Es gibt keinen Tod, nur einen Wandel der Welten.«[32]

Warten auf das Ende der Welt
MAYA, AZTEKEN UND INKA

Zu Beginn des 19. Jahrhunderts zirkulierten Gerüchte, durch Missionare, Soldaten und Abenteurer weitergetragen, die über im mittelamerikanischen Urwald verborgene riesige Tempel und Skulpturen berichteten. Neben den üblichen Schatz- und Grabräubern machten sich Forscher, Ethnologen und Archäologen auf den Weg und berichteten bald der Welt von den Überresten einer vom Dschungel überwachsenen Kultur, die sich auf dem Gebiet des heutigen südlichen Mexiko, in Guatemala und Honduras ausgebreitet hatte: die Kultur der Maya. Diese war hierarchisch aufgebaut, hatte eine mächtige Kaste von Priester-Astronomen, eine monströs erscheinende Götterwelt, gewaltige Stufenpyramiden-Tempel, sie verarbeiteten als einziges Metall Gold und besaßen eine heute noch Rätsel aufgebende Bilderschrift. Mitten im tropischen Urwald hatten die Maya eine Maisbaukultur und Tempelstädte entwikkelt, mit vielschichtiger Sozialstruktur und mit Menschenopfern.

All das, was uns an die großen altägyptischen und vorderasiatischen Kulturen erinnert, wurde plötzlich, von heute auf morgen, etwa um 900 n. Chr., im Stich gelassen und vom Wald verschlungen. Warum? Manche Wissenschaftler haben diese fluchtartige Aufgabe durch Abnutzung des Bodens aufgrund fatalen Raubbaus an der

Natur, Entforstung und Auslaugung der Erde, verbunden mit Bevölkerungsexplosion zu erklären versucht, andere durch Klimaveränderungen oder interne politische Konflikte.

Manche Wissenschaftler aber sind sich fast sicher, daß die Maya glaubten, dem astronomisch errechneten, kurz bevorstehenden Untergang ihrer vierten Welt durch Flucht entgehen zu können. Solche Massenfluchtbewegungen angesichts nahenden Weltuntergangs sind auch anderweitig nachzuweisen.

Man kann die Maya-Kultur in drei Provinzen aufteilen, was auch der Art ihrer zeitlichen Abfolge entspricht: Einer vorklassischen Periode (2600 v. Chr. bis 100/300 n. Chr.) an der Pazifikküste Guatemalas folgten die sogenannten klassischen und nachklassischen Perioden. Die letzte stagnierte seit 600 n. Chr. und war gegen 900 abgestorben wie durch einen scharfen Bruch. Auf Steinstelen wurde mit Skulpturen und Inschriften die Geschichte festgehalten. Die letzte Stele kann auf 889 n. Chr. datiert werden (Chichén Itzá).

Dieses Volk kannte eine hochentwickelte Arithmetik, die ausschließlich zur Bewältigung astronomisch-religiöser Probleme diente und für die Herstellung eines Kalenders verwendet wurde. Es war eine Art Besessenheit von der Zeit. Das Geschick des gesamten Kosmos beschäftigte die Priester-Astronomen. Die Welt war für sie in mehreren Zyklen untergegangen und neu erschaffen worden.

Der Kosmos der Maya zählte dreizehn Himmelsetagen, darum hat die Zahl Dreizehn für den magischen Kalender eine große Bedeutung. Jede Etage hatte ihre eigene Gottheit, getragen von vier Gott-Brüdern, aufrecht auf den vier Himmelsrichtungen. Darunter breiteten sich die neun unterirdischen Reiche aus, beherrscht von den neun Göttern der Nacht. Alle Dinge des Lebens hatten ihren zugewiesenen Platz in diesem orientierten Raum, mit der entsprechenden Farbe.

Dieses Prinzip wurde auch für den Kalender angewendet. Der Zyklus von zweiundfünfzig Jahren (viermal dreizehn) trug sich in diese quadratische Einteilung des Universums ein, indem es die Jahre in die vier Weltecken verteilte. (Siehe auch in Bali: Die zentrale Bedeutung des Nawa-sanga, Bild der vierteiligen Welt.) Und nach komplizierten, aber logischen Berechnungen, über die wir nur staunen können, kamen die Maya auf die Zahl 5200 für ein zeitlich begrenztes Universum.

Das Leben eines Menschen war repräsentiert durch den Zyklus von 52 Jahren, während 1040 Jahre die Dauer einer Welt darstellten.

Wir wissen, daß die Maya bereits in der vierten Welt oder vierten Sonne lebten, die der »wahren Menschen«, und mit Furcht die Ankunft der fünften Welt mit ihrem endgültigen Kataklysmus erwarteten. Die drei vorhergegangenen waren untergegangen in Sintflut und Feuerregen. Auch die vierte Welt würde in einer Katastrophe enden, um der fünften Welt Platz zu machen, Symbol des definitiven Endes des wahren Menschen. Denn in der Mythologie erscheint die Zahl Fünf als Zeichen des Unheils. Die Berechnung von 5 x 1040 Jahren (Dauer einer Welt) ergibt 5200 Jahre. Die vierte Welt wird also nach 4160

Jahren beendet sein. Wenn wir dies auf unsere Zeitrechnung anwenden, kommen wir zu folgendem Ergebnis: Beginn der Mayazeit: 3113 v. Chr. Ende der vierten Welt: 4160 – 3113 = 1047 n. Chr. Datum der letzten klassischen Stele: 889 n. Chr. Der zu erwartende Lebenszeitraum vor dem vierten Weltende: 168 Jahre.[33]

Dieses unmittelbar bevorstehende Ende ihrer Welt schuf unter der Maya-Elite des ausgehenden neunten Jahrhunderts ein verständliches Angstklima. Sie wußten, daß sie nicht entkommen könnten. Nicht sie hatten ja diese verschlingende kosmische Zeitmaschine erfunden, sondern ihre Vorfahren. Möglich, daß ein Kongreß der Priester-Astronomen stattfand.

Im Codex von Dresden, jener berühmten Maya-Handschrift – so genannt, weil sie der »Königlichen öffentlichen Bibliothek zu Dresden« gehörte –, wird auf der letzten Tafel (74) das Weltende dargestellt (s. Abb. S. 79). Leider kaum noch lesbar, erkennt man die Hieroglyphen, welche die vier Himmelsrichtungen darstellen. Unter diesen Zeichen beginnt das Bild. Astronomische Figuren, offenbar Venus, Mars, Merkur und Jupiter, gehen in das Vorderteil eines Krododils über. Darunter sind Sonne und Mond dargestellt. Aus dem Rachen des Krododils ebenso wie von Sonne und Mond stürzen Wasserströme herab. Eine alte Frau, die Göttin Ixchel in ihrem unheilvollen Aspekt, mit Schlange auf dem Kopf und Tigerkrallen, schüttet den vierten Wasserstrom aus einem Krug. Auf ihrem Rock befinden sich gekreuzte Knochen als Sinnbild des Todes. Noch weiter unten sitzt abwartend der schwarze Gott des Krieges und der Menschenopfer, welcher wie die Todesgöttin bereits auf anderen Tafeln aufgetaucht ist. Auf dem Haupt trägt er einen Raubvogel, in der rechten Hand zwei Pfeile, in der linken ein Wurfholz. Alle Symbole auf diesem letzten Blatt des Codex von Dresden weisen auf eine drohende Darstellung des kommenden Weltuntergangs hin.[34]

Also, so erklären es manche Forscher, versuchten die Maya diesem zu entkommen. Sie überließen dem Dschungel ihre Tempel, Paläste und Maisfelder, um so einen freiwilligen und künstlichen Weltuntergang zu provozieren. Indem sie auf alles verzichteten, alles aufgaben, ihr kosmisches Schema vergaßen, auf ihr Wissen, ihre Macht, ihre soziale Organisation verzichteten. So würden sie vielleicht dem schrecklichen Geschick des vierten Weltuntergangs entgehen.

Es wäre müßig, sich mit einer festen Position in den durchaus nicht beendeten Wissenschaftlerstreit einmischen zu wollen, warum diese blühende Städtekultur so brüsk aufgegeben wurde, obwohl nichts auf zerstörerische Invasion von außen hinweist. Uns stellt sich hier nur die Frage: Ging die Welt der Maya wirklich im Jahre 1047 unter? Sind sie Überlebende?

Ihre Kultur, die wie die ältesten Hochkulturen der Welt – Altägypten, Ur und Babylon – um 3000 v. Chr. aufgetaucht ist, ist gestorben. Mit ihren gigantischen Pyramiden, wobei die Frage nach den Transportmitteln der riesigen Steinmassen in einer radlosen Kultur offenbleibt, ihrem Sonnenkult, ihrer einzigartigen Kenntnis der Astronomie, der »Erfindung« der Zahl Null. Mit ihren Menschenopfern, Sklaven und ihrer allmächtigen Prie-

Darstellung des Weltuntergangs im Codex von Dresden

sterkaste. Rein physisch sind die Maya Überlebende, doch von ihrer rätselhaften und phantastischen Vergangenheit haben sie kaum etwas auf die Flucht mitgenommen. Sieht man sie heute auf den Urwaldpfaden Guatemalas, wo sie mehr als 60 Prozent der Bevölkerung ausmachen, in ihren buntgewebten Kleidern auftauchen, so möchte man sie fragen. Doch sie sind schweigsam dem Gringo gegenüber, wenden die Köpfe ab, übersehen ihn. Eine Atmosphäre der Trauer schwebt um sie. Seit der weiße Mann ihr Land und seine Schätze in Besitz nahm, seit der Spanier Pedro de Alvarado im 16. Jahrhundert die Maya in grausamem Krieg unterwarf, hat deren Diskriminierung nicht aufgehört. Verachtet, unterdrückt, von ihrem Land vertrieben, gilt bis heute das Wort »Indio« als Schimpfwort.

Immer wieder kam es zu Aufständen. Denn keine der oft versprochenen Landreformen wurde durchgeführt, das Land blieb in den Händen der Großgrundbesitzer, für die die Maya zwölf Stunden täglich und als Wanderarbeiter unter Sklavenbedingungen arbeiten dürfen und die gleichzeitig die politisch-militärische Oligarchie des Landes bilden. Slums wuchern besonders in der Hauptstadt Guatemala Ciudad. Die Hartnäckigkeit der gut organisierten Guerilla – in der auch Che Guevara einst »in die Lehre« ging – führte zu Folterungen, Verschleppungen, Unzählige »verschwanden«. Todesschwadronen bombardierten und zerstörten ihre Dörfer, besonders im Quiche, und deportierten die Maya in sogenannte Modelldörfer. 150 000 flüchteten über die mexikanische Grenze, wo sie teilweise noch heute in erbärmlichen Lagern vegetieren. Kultur und Sprache der Maya werden mißachtet, es sei denn, sie werden touristisch vermarktet. Missionare, besonders protestantische, arbeiten daran, die letzten Spuren von altem Maya-Denken auszurotten. Die Maya inmitten der fünften, der schlechten und letzten Welt.

Sehr verwandt waren die kosmischen Vorstellungen und Weltuntergangsvoraussagen der benachbarten Azteken. Was nicht verwunderlich ist. Sie hatten die höheren Kulturen der vor ihnen im Hochland von Mexiko lebenden Völker absorbiert, zu ihren eigenen Göttern die Glaubenswelt benachbarter und früherer Kulturen mit aufgenommen, wie den kosmischen Kalender. Das ergab einen vielbevölkerten Pantheon voller Naturgeister, Heroen und Stammesgötter.
Ihre eigene Geschichte war jung und kurz im Vergleich zu der der Maya. Aus der Sprachfamilie der Nahua stammend und ein wanderndes Jägervolk, waren sie erst zu Beginn des 2. Jahrtausends n. Chr. in die mexikanische Hochebene eingewandert und hatten unter den Völkern ringsum durch Kriege, Handel und Bündnisse sehr rasch eine Vormachtstellung erworben. Dort, wo heute unter einer Smogwolke die wabernde Slum-Metropole Mexiko City liegt, bauten sie auf der Insel des Texcocosees ihre Hauptstadt Tenochtitlan mit den berühmten schwimmenden Gärten.
Sie verehrten vor allem den toltekischen Kulturheros Quetzalcoatl, als gefiederte Schlange vorgestellt. Weissagungen nach sollte er einmal weißhäutig und bärtig –

was die Indianer nicht sind – wiederkehren, um den Thron einzunehmen. Unglücklicherweise stimmte das prophezeite Datum mit der Ankunft des bärtigen Spaniers Cortez überein, der kurzen Prozeß mit dem Aztekenreich machte und den letzten Aztekenkaiser Cuauhtémoc am 28. Februar 1525 hängte.

Die Azteken besaßen zwei Kalendersysteme: Einen Mond- und einen Sonnenkalender, die einander ergänzten. Sie hatten, ebenso wie die Maya, dreizehn Himmel und neun Unterwelten. Regelmäßig wurden Menschen zur Erhaltung der Weltordnung geopfert, indem man ihnen das Herz bei lebendigem Leibe herausschnitt.

Vier Weltzeitalter oder Sonnen waren gleichfalls der jetzigen schon vorausgegangen, innerhalb derer wiederum ein Zyklus von zweiundfünfzig Jahren herrschte und die alle in Katastrophen geendet hatten. Die vierte Welt war durch eine Sintflut zugrunde gegangen (siehe Kapitel »Das Vermächtnis der Verlierer«). Das jetzige Zeitalter steht unter dem Zeichen naui-ollin (»Vier-Erdbeben«) und ist bestimmt, durch ein gigantisches Erdbeben unterzugehen. Im Gegensatz zu der exakten Maya-Berechnung kennt man die Dauer dieser fünften Welt jedoch nicht. Sie kann also jederzeit zugrunde gehen. Das obligatorische Ende wird indessen mit dem Abschluß eines zweiundfünfzigjährigen Säkulums erwartet. Wird es eintreffen, werden böse Naturgeister die Menschen verzehren, und die Sonne wird nicht mehr am Horizont auftauchen.

Aus diesem Grunde löschten die Azteken in der letzten Nacht eines jeden Zweiundfünzig-Jahre-Zyklus alle

Feuer aus. Die Männer wanderten in Prozession zu einem heiligen Platz, an dem Priester, angstvoll beobachtet, das neue Feuer des Lebens durch Stabreiben entzündeten. Es durfte nicht mißlingen, sonst würde die Sonne nie mehr aufgehen und der Tod für immer über die Welt sinken. (Was uns an die Feuerzeremonie der Irokesen erinnert!) Die Dämonen der Finsternis, die Sterngeister Tzitzimime, skelettische Monstren, die im Westen die Grenzen des Universums belauern, würden herabkommen, um die Menschen zu verschlingen. Die Frauen und Kinder blieben während dieser Zeremonie zu Hause, eine Maske aus Agavenpapier vor dem Gesicht. Die Schwangeren wurden besonders geschützt, die sich selbst im Tode in Tzitzimime verwandeln konnten.[35]

So leben also auch die Nachkommen der Azteken in Erwartung des endgültigen Endes der Welt. Es sind etwa eine Million Nahuatl sprechende Mexikaner, meist arme Landarbeiter. Was wissen sie noch von alledem?

Das heutige Peru brachte eine Fülle von frühen Kulturen hervor, die lange vor der Zeit der Inka datierten. Doch fast nur über die letzte, die Inka-Gesellschaft, gibt es einige Informationen, durch Befragen oder Beobachtungen von den Spaniern schriftlich festgehalten. Eine Bilderhandschrift wie die Maya oder Azteken hatten sie nicht. Sie selbst hatten auf die Infrastrukturen früherer Imperien des riesigen Hochlandes zurückgegriffen, bis sie ihre Macht selbst immer mehr ausdehnten.

Ihre Geschichte war, wie die der Azteken, gigantisch, doch kurz und endete ebenso tragisch. Innerhalb von nur neunzig Jahren gründeten die Bewohner des Cuzco-Tales in 3500 Meter Höhe im heutigen Peru ein Imperium, das sich von Nordchile bis an die Grenze von Equador und Kolumbien erstreckte. Die Herrscher nannten sich Inka, wonach man gewöhnlich Volk und Reich benennt. Die Herkunft der Herrscherdynastie wird mythisch erklärt; sie sind Kulturheroen, die den Menschen die Sprache, Handwerk, Städtebau, politische Organisation und religiöses Wissen vermittelten. Staunend steht man heute vor den Mauern aus gewaltigen, ohne Bindemittel lückenlos ineinandergefügten Steinen, transportiert ohne Kenntnis von Rädern und Pferden; vor der Töpfer- und Webkunst, der Goldschmiedekunst, heute in Museumsvitrinen am anderen Ende der Welt als Schätze der Menschheit ausgestellt.

Auch das Inka-Reich wurde von den Spaniern, unter Anführung des grausamen Abenteurers Francisco Pizarro, »mit dem Schwert geköpft, wie man im Vorbeigehen eine Sonnenblume köpft«. Die Inka waren gerade in einen Bruderzwist und Bürgerkrieg verwickelt, wovon er profitierte. Der Gottkönig Atahualpa wurde ohne den geringsten Respekt als Geisel genommen und trotz mehrerer Kammern von herbeigeschlepptem »Lösegold« erdrosselt – nachdem er vorher noch zwangsgetauft worden war. Dieser Tod bedeutete für das Volk mehr und ganz etwas anderes als den Sturz eines Königs – es war der Untergang der Welt.

Der regierende Inka war ein fleischgewordener Gott. Niemand durfte ihn berühren. Die Verbindung seines Lebens mit dem Sonnengott war so eng, daß schon beim

Abnehmen seiner Kräfte die Gefahr bestand, daß auch die Sonne ihre Kraft verlieren würde. Erkrankte er, so entstand große Unruhe im Volk. Opfer, besonders Menschenopfer, wurden dargebracht. Die Macht eines sterbenden Inka mußte nahtlos auf seinen Nachfolger übergehen, damit der Lauf des Kosmos nicht aufgehalten werde. So war der Weltuntergang zugleich an die Person des Inka und Mitglieder seiner Familie und an den Lauf der Gestirne geknüpft. Kann man sich ausmalen, was dieser erbärmliche Tod des Atahualpa für die Peruaner bedeutete? Und er war ja auch tatsächlich, wie die folgende Geschichte der Quetschua-Indianer zeigt, für sie das Ende eines Weltzeitalters.

Wie viele Völker der Erde wurden auch die Peruaner bei jeder Sonnen- oder Mondfinsternis von tiefem Schrecken und dumpfen Ahnungen erfaßt. Daraus hatten die Amautas (Weisen), die Priester der Inka, Weltuntergangsvorstellungen entwickelt und sie dem Volke übermittelt.

So erklärten sie: Einmal wird der Schatten die Sonne verhüllen, und die Erde, der Mond und die Sterne werden von einer verzehrenden Feuersbrunst eingehüllt werden, ohne daß eine Wiederherstellung der Welt erwartet werden kann.

Ebenfalls sagten sie voraus: Eine Dürre wird alsdann jedes Kraut des Feldes vertrocknen, die Wasser aufsaugen und die Menschen bis auf das letzte Geschöpf dem Untergang weihen. Der Mond wird von seinem Platz am Himmel herabfallen und alle Dinge in seine Zerstörung hineinziehen.[36]

Eine Weltuntergangsprophezeiung, wie sie finster und hoffnungsloser nicht sein könnte; inspiriert in ihrer konkreten Vorstellung gewiß durch die Dürre und die vulkanische Natur des Landes.

Dennoch gab es den Glauben an Wiederauferstehung. Diese war jedoch nicht an moralische Bedingungen, an Strafe und Belohnung gebunden, man stellte sie sich nicht als irdisches oder außerirdisches Paradies vor. Es war vielmehr die Wiederaufnahme desselben irdischen Lebens wie vor dem Tode. Deshalb verbargen die Peruaner alle Haare, die sie sich abschnitten, sorgfältig in Nischen der Wände. Gefragt, warum sie dies täten, entgegneten sie:

> »Ihr wißt doch, daß wir eines Tages wieder in diese Welt zurückkehren müssen und die Seelen sich aus ihren Gräbern erheben werden mit all dem, was von ihren Körpern vorhanden ist. Damit nun die Unseren sich nicht lange mit Suchen nach ihren Haaren und Locken abmühen müssen, legen wir sie hier zusammen, wo sie leicht aufzunehmen sind, denn an jenem Tage wird große Unruhe und großes Durcheinander herrschen.«[37]

Angesichts dieser Widersprüchlichkeit zur Weltuntergangsprophezeiung der Amautas kann man natürlich, genau wie bei manchen Sintflutmythen indigener Völker, fragen, ob sich hier nicht christliche Wiederauferstehungsvorstellungen eingeschlichen haben, durch Missionare grob vermittelt, mißverstanden und volkstümlich »angepaßt«.

Wiederauferstehung oder endgültiger Weltuntergang? Leider wurde das Reich der Inka so rasch und brutal zerschlagen vom Schwert spanischer Söldner und nachfolgendem Kreuz der Missionare, daß nicht genug über die Staatsreligion übermittelt werden konnte, um erklären zu können, wie solche Voraussagen in Einklang zu bringen sind.

Wie in Nordamerika traten in jüngster Zeit auch hier manchmal Männer auf, die prophetisch vor dem Weltuntergang warnten. So verkündete ein Quetschua, Willaru Huayta, daß die Menschheit ab 1962 in die fünfte Sonne eintrete (siehe die Zeitalter oder Sonnen bei den Maya und Azteken) und daß im Jahre 2012 der Kalender der Inka enden werde. Im Jahre 2013 werde ein riesiger magnetischer Asteroid sich der Erde nähern und auf ihr die große Reinigung auslösen. Die fünfte, letzte Sonnengeneration sei zwar beendet, doch »wir können die Saat zur sechsten Generation bilden, wenn wir es schaffen, mit dem Licht in uns in Verbindung zu treten und es zum Leben zu erwecken«. Mit dieser persönlichen Inspiration geht Willaru Huayta allerdings über die kosmischen Kalendervorstellungen der Maya und Azteken hinaus.[38]

Heute leben im peruanischen Hochland etwa vier Millionen Quetschua-Indianer, Nachfahren des Inka-Volkes; arme Bauern mit durchschnittlich eineinhalb Hektar kargem Land. Obwohl christianisiert, obwohl ihnen in Schulen fast nur die spanische Sprache übermittelt wird, haben sie dennoch ein kulturelles Selbstbewußtsein über die große Katastrophe hinweggerettet. Ihr katholischer Glaube ist von zahlreichen indianischen Elementen durchdrungen. Und »Vater unser« ist identisch mit dem Gottvater Sonne.

Fassen wir die Weltendvorstellungen dieser drei großen und mächtigen mittel- und südamerikanischen Kulturen zusammen: Ein zyklisches Weltbild mit letzter Weltzeit, die definitiv untergehen wird. Kein Zweifel am nahenden Weltuntergang, sogar teilweise mit exakten Berechnungen, die ins dritte Jahrtausend unserer Zeitrechnung weisen. Weltuntergang durch Naturkatastrophen, ausgelöst von Göttern, ohne strafendes und moralisches Motiv.
Schwermut und schweigende Verschlossenheit begegnen dem Wanderer heute auf den Pfaden der weiten Hochebenen, unter hochragenden Vulkanen und regenfeuchten Tropenwäldern.

Die Suche nach dem Paradies

Die unzähligen Völker und Stämme der Karibik, des brasilianischen Urwaldes, der Pampas, bis ins tiefste Feuerland, besaßen nicht nur Sintflut- und Sintbrandmythen, sondern wußten vieles über das kommende Weltende. Manche dieser Prophezeiungen zeigen Parallelen zu denen der nordamerikanischen Völker, andere große Bewegungen sind einmalig in der Welt.

Um nur einführend einige Mythen zu nennen: Die Warikyana in Guayana etwa, die einen schöpferischen Sonnengott kannten, glaubten an eine zyklisch wiederkehrende Weltzerstörung. Bei einem anderen karibischen Volk dagegen, den Munduruku, hieß es: Der Schöpfergott Karukasaibe war nach der Erschaffung der natürlichen und menschlichen Welt von der Menschheit tödlich beleidigt worden. Darauf zog er sich schweigend in die unzugänglichen Gefilde des Himmels zurück. (Dieses Motiv des sich nach der Schöpfung zurückziehenden Gottes ist uns schon mehrfach begegnet.) Beim Weltuntergang wird er wiederkommen und die Menschen durch Feuer vernichten. Sich selbst überlassen erwarten diese die aufgesparte Bestrafung am Ende der Zeiten.[39]

Dies sind Varianten einer Weltendvorstellung, teilweise mit ethischen Grundgedanken. Das Feuer ist auch hier, wie so häufig, ein Auslöser für die Zerstörung am Ende der Welt. Ungewöhnlich tragisch, mit einem

Schimmer sich verflüchtigender Hoffnung sind indessen die Weltuntergangsvorstellungen der Guarani-Völker. Einzelnen Elementen, wie dem Versetzen in Trance durch Tänze (siehe die Geistertanz-Bewegung in Nordamerika) und dem Auftreten von Propheten sind wir schon begegnet; und es könnte hier auch eine weitere Erklärungsmöglichkeit für die geheimnisvolle Flucht der Maya aus ihren Stadtstaaten geben, eine Variante voll einmaliger Poesie und Tragik zugleich.

Die Guarani, ein weitverbreitetes Volk in den Wäldern des Matto Grosso von Südbrasilien, die einst als Waldindianer von Sammeln, Jagen, Fischen und Rodungsanbau lebten, können aufgeteilt werden in drei große Gruppen: Die Nandeva, zu denen die Apapocuva gehörten, die Mbüa und die Kaiova. Hinzu kommt ein Wirrwarr von weiteren Stammesbezeichnungen in der Literatur.

Ihr Glaube an den Weltuntergang ist nicht einheitlich. So sahen die Nandeva das drohende Unheil, mbae-megua genannt, als Zusammenbrechen der als Teller gedachten Erdoberfläche. Die Mbüa wußten von einer bevorstehenden Sintflut, einem Sintbrand oder einer langwährenden Finsternis. Die Kaiova konnten sogar eine ausgiebige Beschreibung der Katastrophe geben, mit Feuerpfeile schießenden Affen und sonstigen Ungeheuern.[40]

Unter den Guarani-Völkern entwickelte sich jahrhundertelang eine merkwürdige Wanderbewegung, von der schon 1515 in der »Newen Zeytung ausz Presillg Land« berichtet wird. Besonders aber seit 1820 wurde die Entwicklung einer religiös motivierten Wanderbewegung

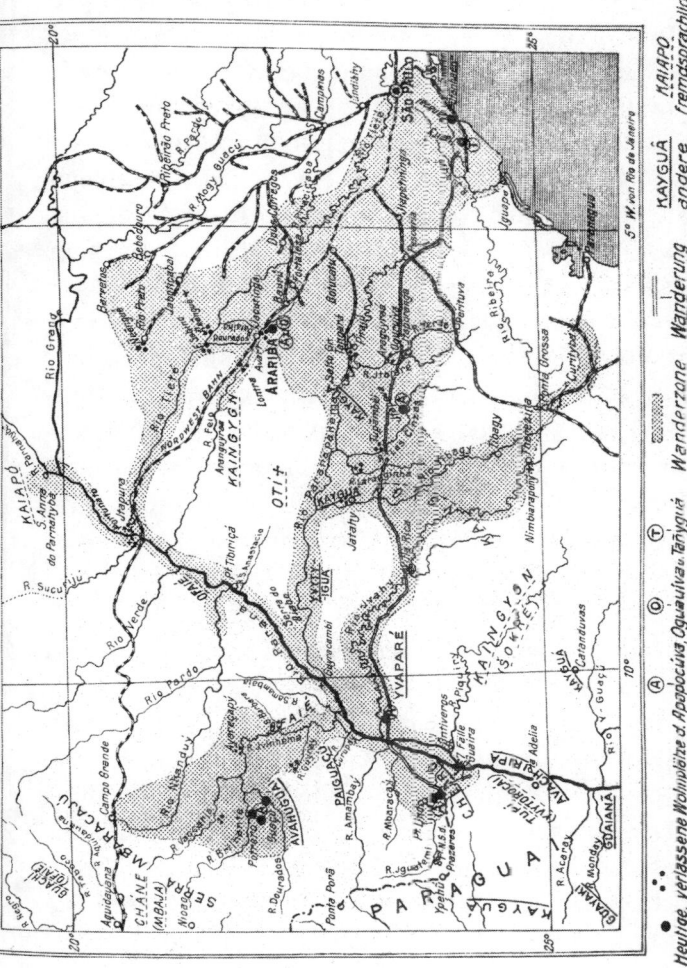

Wanderzone der Guarani Südbrasiliens (nach Nimuendaju-Unkel)

beobachtet. Sie dauerte an, und der Ethnologe Curt Nimuendaju, der 1912 auf eine Gruppe Apapocuva traf, be-
richtete darüber.[41] Der Forscher, eigentlich Curt Unkel,
war deutscher Herkunft, nahm aber brasilianische Na-
tionalität an; sein indianischer Name bedeutet: »Welcher über seinen eigenen ewigen Raum verfügt.« Als er
in der Nähe der Stadt Sao Paolo einer Gruppe der Apapocuva, Überlebende paraguayanischer Guarani, begegnete, begleitete er sie bis an die Praia Grande. Mit ihnen
wandernd und lebend, schilderte er, wie intensiv sie sich
mit dem Weltuntergang – mbae-megna – beschäftigten.
Ihre Vorstellung ähnelte dabei einem phantastischen,
surrealistischen Gemälde: Fledermäuse fressen Sonne
und Mond, der blaue Tiger – Jaguar-ovy – steigt in seinem Gesang vom Himmel nieder und vertilgt das Men-
schengeschlecht, Finsternis bricht herein … Nimuendaju spürte dahinter den trostlosen Pessimismus des sterbenden Volkes, das sich selbst aufgegeben hatte.

»Heute ist die Erde alt, unser Geschlecht will sich nicht
mehr vermehren. Die Toten sollen wir alle wiederse-
hen, schließlich stürzt die Nacht herab … Nicht nur der
Stamm der Guarani ist alt und lebensmüde, sondern die
ganze Natur. Die Medizinmänner, wenn sie in ihren
Träumen bei Nanderuvucu (dem Schöpfergott) waren,
haben es häufig genug selbst gehört, wie die Erde diesen
bittet: ›Ich habe schon zu viele Leichen gefressen, ich
bin es satt und müde, mache ein Ende, mein Vater!‹
Ebenso ruft das Wasser zum Schöpfer, er möge es aus-
ruhen lassen, und auch so die Bäume, die das Brennholz

Zauberpriester der Kaıova-Guarani.
Das Kreuz symbolisiert die vıer Himmelsrichtungen.

und Baumaterial liefern, und die ganze übrige Natur. Und daß Nanderuvucu das Flehen seiner Schöpfung erhören wird, steht täglich zu erwarten.«[42]

Diese durch Träume und Visionen inspirierten Medizinmänner (es gab kein Häuptlingssystem, sondern nur Medizinmänner, »die in den Himmel fliegen können«) verkündeten also den Guarani, einst ein Volk von mehreren hunderttausend Menschen, den nahen Weltuntergang. Mehr und mehr sammelten sie Anhänger ihrer Zukunftsvisionen um sich und machten sich mit ihnen unter rituellen Tänzen und Gesängen auf zu einem unendlichen Marsch. Ihr Ziel war das »Land ohne Schlechtes«, Ywi Mara Ey. Ganze Stämme setzten sich in Bewegung. Bereits im Jahre 1539 ist von zwölftausend Tupi die Rede. Meist wanderten sie in Richtung Osten, der aufgehenden Sonne entgegen, wo man das Land ohne Schlechtes jenseits des Meeres, das sie nie gesehen hatten, vermutete. Andere suchten es, der Tradition gemäß, im Mittelpunkt der Erde. Nur so hofften sie, dem drohenden Untergang zu entrinnen.
Tausende starben bei dieser hoffnungslosen Wanderung, von der bereits die Jesuiten berichteten, welche sie vergeblich aufzuhalten versuchten.
Um 1870 hatten sich die Apapocuva-Guarani dieser Bewegung angeschlossen, die schon über drei Jahrhunderte andauerte. Sie versammelten sich um einen Medizinmann, welcher mit ihnen zu fasten und zu tanzen begann, damit sich ihm der Weg nach Osten, ins »Land ohne Schlechtes«, offenbare.

So geschah es, daß der Weltschöpfer Nanderuvucu zu ihm auf die Erde kam und sprach: »Sehet zu, daß ihr tanzet, die Erde wird schlecht werden.«

So tanzten sie drei Jahre lang, als sie den Donner des Untergangs vernahmen: Vom Westen her stürzte die Erde immer mehr ab.

In ihrer Vorstellung des Kosmos hatte der Schöpfergott, ehe er die Welt schuf, eine Erdstütze gemacht. Er legte einen Balken in Richtung Osten–Westen und einen zweiten in Nord-Süd-Richtung. Dann trat er auf den Kreuzungspunkt der beiden Balken und füllte die Quadranten mit Erde aus. Will er die Erde wieder vernichten, so faßt er das östliche Ende des unteren Balkens und zieht ihn, während der obere in seiner Lage bleibt, langsam nach Osten zurück. Die Erde wird dadurch im Westen ihrer Stütze beraubt. Zur gleichen Zeit beginnt die Erde vom Westrand her an der Unterfläche zu brennen. Das Feuer frißt sich vorwärts. Die Flammen brechen zur Oberfläche der Erde durch, und das dahinterliegende Stück bricht ab. Langsam, dann immer schneller und unaufhaltsam schreitet so der Untergang vom Westen nach Osten fort. Er treibt die Menschen, die ihm entkommen wollen, vor sich her, und hinter sich werden sie bald keine Erde mehr sehen. In diesem gefährlichen Augenblick wird sich die Tanzhütte mit ihren Insassen erheben, sie hinaus auf das Meer ziehen, bis sie schließlich zum Himmel emporsteigt. So kommen die Menschen an die Tür des Himmels, und hinter ihnen steigt das Wasser.[43]

Es fragt sich, ob dieser Weltuntergang, vorgestellt als

langsame, aber unaufhaltsame Degradation der Erde, endgültig sein oder ob die Erde sich erneuern wird. Nimuendaju zufolge glauben die Guarani an keine irdische Zukunft mehr. Andererseits könne nach ihrem Glauben der Weltbrand, der sich dem Wasser nähert, von diesem wieder gelöscht werden, so daß der Weltschöpfer über der abgekühlten Erdstütze eine neue Erde errichten könne. Aber will und wird er das tun? Nach dem Flehen der alternden, müden und geplagten Erde, der Bäume und der ganzen Natur?

Es ist der Verdacht geäußert worden, daß der Glaube an das Ende der Welt von den Jesuiten beeinflußt worden sei, welche die Guarani missioniert hatten, etwa eine Umdeutung der Apokalypse des Johannes. Wie dem auch sei, wie weit diese Einflüsse auch eingedrungen sein mochten, die Vorstellung vom Weltuntergang, verbunden mit einer Suche nach dem »Land ohne Schlechtes«, hat bei den Guarani einen so einmaligen Aspekt, eine solche treibende Größe und Kraft angenommen, daß sich, über Trancetänze hinausgehend, ein riesiges Volk in Marsch setzte. Es wanderte jahrelang, über Jahrhunderte, durch den Urwald, über Ströme und Gebirge, wobei ein großer Teil von ihnen elend zugrunde ging. Von Grauen und Furcht getrieben, doch dem wunderbarsten Ziel entgegenströmend, das Menschen erstreben und erträumen können (s. Abb. S. 91).

Was ist aus ihnen und ihrem Traum geworden?

Heute überleben etwa 27 000 Guarani, davon 23 000 im Matto Grosso. Davon ist ein Drittel aus seinen traditionellen Ländereien vertrieben. Sie sind Landarbeiter auf den großen Farmen, wohnen in Baracken und in Zelten entlang der Straßen oder arbeiten in Zuckerrohrfabriken und Alkoholdestillerien unter Bedingungen von rechtlosen Sklaven. Weitab von ihrem Land hausend, können sie es nicht bestellen und ihre Riten nicht ausüben und verlieren ihr kulturelles Erbe. Sie sterben an Tuberkulose, Malaria, übermäßigem Alkoholgenuß – oder sie begehen kollektiven Selbstmord.

So drohten Anfang 1994 rund zweihundertfünfzig Guarani im Bundesstaat Matto Grosso du Sul mit Selbstmord, weil sie, einmal mehr, aus ihrem Lebensraum vertrieben werden sollten, um Platz für Rinderherden zu schaffen. Im Dezember 1995 wurde eine neue Selbstmordwelle bei den Kaiowa-Guarani gemeldet, nach zahlreichen im vergangenen Jahr, die meisten Selbstmörder zwischen zwölf und siebzehn Jahre alt. Selbstzerstörung eines Volkes, oberflächlich durch Überbevölkerung der Reservate erklärt.

Ferner denn je liegt heute ihr »Land ohne Schlechtes«, Erdparadies ohne den weißen Mann, wohin sie sich retten wollten, ehe im Westen die Welt zusammenbricht.

Von ewiger Schöpfung
und ewigem Untergang
INDIEN

Will man sich mit den Weltendmythen indigener süd-
asiatischer Völker beschäftigen, kann man nicht um-
hin, zuerst einen Blick auf die Völker Altindiens zu
werfen; denn deren Einflüsse, vedisch, hinduistisch,
buddhistisch und jainistisch, sind hinausgeströmt über
weite Gebiete Südasiens.

Sie bilden wohl den Höhepunkt, den Gipfel einer Vorstellung zyklischer kosmischer Wiederkehr. Die Idee
von der Weltzerstörung, pralaya (»Auflösung«), war
höchstwahrscheinlich schon zur vedischen Zeit bekannt. Die vedische Religion wurde von den etwa ab
1600 v. Chr. nach Indien einströmenden indoeuropäi-
schen Ariern mitgebracht und dort weiterentwickelt,
indem religiöse Elemente der einheimischen Völker
mit einbezogen wurden. Die Veden (Veda, sanskrit:
»Wissen«), zwischen 1500 und 1000 v. Chr. entstanden,
sind die ältesten religiösen Texte. Schon dort lesen wir
in der vierten Veda Atharva (X,8,39–40), so genannt
nach den atharvans, den Priestern, die sich dem Feuer-
kult weihten, daß Weltuntergang von neuer Schöpfung
gefolgt wird; wie dies auch ein Teil der germanischen
Mythologie war, in welchem die Beschreibung der
Weltuntergangsschlacht der der indischen gleicht (siehe
Kapitel »Entfesselte Dämonen«).

Bestimmte Elemente wurden also aus Europa fortgetragen, wanderten, entwickelten sich weiter. Und seit den Brahmanas, vedischen Prosatexten, taucht auch hier die Vorstellung von den vier Yugas, den vier Weltaltern, auf (Aitareya Brahmana, VII,14). Ganz besonders aber stehen sie im Zentrum der Puranas (sanskrit: »Alte Erzählungen«), in denen die Schöpfung, Neuschöpfung und Vernichtung der Welt in bestimmten Perioden geschildert wird, mit weitsichtiger Vorstellungskraft und fast mathematischer Exaktheit.

Das Universum dieser alten Inder bestand aus drei Bereichen: Himmel, Luftraum und Erde; letztere stellte man sich als Quadrat oder als von Wasser umgebene Scheibe vor. Es war reich bevölkert von Naturgöttern, besaß einen Himmelsvater und eine Erdmutter. Ehe in spätvedischer Zeit der Glaube an Seelenwanderung entstand, glaubte man an das Weiterleben der Toten in der Himmelswelt.

Eine Welt oder Weltperiode (kalpa) wird erschaffen in einem Zustand der »Vollkommenheit der Anfänge«. In diesem krita-yuga, dem ersten der vier Zeitalter (yuga) einer Weltperiode, ist die Menschheit rein, weise, glücklich und lebt sehr, sehr lange. (Nach den Vorstellungen im Jainismus, gleichzeitig mit dem Buddhismus entstanden, bei dem gleichfalls Selbsterlösung aus der ewigen Wiederkehr im Mittelpunkt stand, lebte der Mensch in der krita-yuga sogar mehr als acht Millionen Jahre!)

In den folgenden drei yugas indessen entwickelt sich ein Abstieg, eine moralische, intelligenzmäßige und altersmäßige Degradation. Es endet mit dem kali-yuga, dem Zeitalter des Verfalls.

Dann entflammt der Horizont, vom Schlangendämon Shesha mit seinem heißen Atem entzündet. Sieben oder zehn Sonnen erscheinen am Himmel und trocknen die Meere aus, verbrennen die Erde in einem einzigen Sintbrand, Samvartaka. Anschließend überschwemmen Regen und Sintflut die Erde, die im Wasser versinken wird. Die Menschheit wird zerstört. Auf dem Ozean sitzt der Gott Vishnu auf der kosmischen Schlange Shesha in yogischem Tiefschlaf (Vishnu Purana VI,4,1–11).

Zu diesen beiden in der Weltzerstörung zentral auftauchenden Gestalten ist hinzuzufügen: Der Schlangendämon Shesha, der die Erde umschlingt wie ein Bewacher, ist einerseits der König der Nagas, der Schlangendämonen, und andererseits unter dem Namen Ananta das Symbol der Unendlichkeit selbst. Er ist dem Gott Vishnu zugeordnet, der Manifestation von Aufgang, Zenit und Untergang der Sonne, der auf die drei Weltbereiche Himmel, Luftraum und Erde hinweist.

Nach dem großen Weltuntergang aber beginnt alles wieder von vorn, in aller Ewigkeit. In der Gottheit, als Gott Brahman manifestiert, der alles verschluckt hat, erwacht der Drang zu neuem Leben. Brahman war zuallererst eine heilige Formel, der man sich bei einem Opfer bediente. Doch allmählich wurde Brahman eine autonome Macht, die, anstatt den Göttern zu dienen, diesen Befehle gibt. In den Upanishaden, den heiligen Texten, geschaffen zwischen dem 9. und 8. Jahrhundert v. Chr., wird der Brahman bereits gefeiert als wahrer

Seiender, sat, als große kosmische und psychische universelle Kraft. Wie bei allen früheren Schöpfungen wird er, einmal mehr, die Lande aus dem Weltmeer heraufholen, in dem sie versunken sind. Er entläßt abermals die ganze Schöpfung mit ihren Göttern, Titanen, Menschen, Tieren, Pflanzen und Höllenwesen, ihren sieben Unterwelten unterhalb der Erde.

So wird nach einem Zeitalter der absoluten Ruhe wiederum eine wunderbare Schöpfung entstehen, jung und prachtvoll und vollkommen. Und auch diese wird wieder altern, welken, degenerieren wie alle anderen zuvor ...

Dieser Kreislauf ohne Ende erscheint wie ein ewiges Sehnen nach Verschwinden in das Gottesall, denn die Gottheit ist ja das einzig Verbleibende – wie es auch aus den Mythen so vieler anderer Völker hervorgeht. Die jeweils geschaffene Welt ist letztlich unwesentlich, denn sie gleicht ja der vorhergegangenen. Der Mensch spielt keine Rolle in dieser periodischen Weltschöpfung. Er wird nicht gefragt, sondern er erduldet sie.

Er könnte diesen Prozeß, in den er wie ein kleines Staubkörnchen hineingeblasen ist, nur für sich selbst beenden, aus diesem ewigen unerbittlichen Zyklus hinausgleiten – durch rechte Erkenntnis, rechtes Handeln, sittliche Läuterung, Askese, Abkehr von der Welt. So wie es der Buddha Gautama später lehrte. Dort ist ein höchstes Wesen abwesend.

Pessimistisch, wird der Mensch individuell verfolgt von der Furcht der Wiedergeburt ohne Ende, gefangen in der materiellen Welt und ihren Leiden. Seine Seele sehnt sich nach Befreiung (moksha), nach dem Nirwana, ausgelöscht für immer wie eine Lampe. Letztlich egoistisch, ist er uninteressiert am ewigen Kreislauf.

Weltenbrücke und Weltenbaum

Im Bengalischen Golf, zwischen Indien und Burma, liegt die Inselgruppe der Andamanen, die heute zu Indien gehört. Unberührt von der Außenwelt lebten dort einst etwa zehn Stämme dunkelhäutiger Urvölker. Um 1790 zählten sie noch zwischen fünftausend und achttausend Menschen, ein Urwaldvolk von Sammlern und Jägern mit – scheinbar – einfacher Gesellschaftsform.

Ihre uns noch in letzter Minute überlieferten Vorstellungen vom Kosmos und vom Weltuntergang sind um so kostbarer. Außerdem weichen sie von der Vorstellung vom Verbrennen und Ertrinken der Welt ab, die sich von Indien aus über einen großen Teil Asiens ausgebreitet hatte.

Die Andamesen kannten einen Himmelsgott namens Puluga. Von seinem Willen hängt die Vernichtung der Welt ab. Die Erde ist flach und ruht auf einem gewaltigen Palmbaum, Barata genannt. Er ragt aus einem Dschungelwald auf, welcher das ganze unterirdische Reich umfaßt: Chaitan, das finstere Totenreich. Eine Brücke aus Rohr, Pidga-lar-chavga, erstreckt sich von der Erde zum Himmel und hält die Erde an ihrem Platz. Wenn die Erde bebt, wie häufig auf den andamesischen Inseln, ist dies ein Versuch der Toten, den Palmbaum Barata zu schütteln, damit die Himmelsbrücke zerbricht und so die Erde von ihrem Platz fällt. Sie tun dies oft, besonders während oder kurz nach der Regenzeit. Eines Tages nun wird, diesmal auf Pulugas Geheiß, ein mächtiges Erdbeben ausbrechen. Die Erde wird umgestürzt durch das Schütteln des Baumes durch die Toten, denn nun bricht die Himmelsbrücke. Alles Lebende wird dabei untergehen und den Ort mit den Toten tauschen. Jene aber, die Toten, werden wieder lebendig, sie erleben ihre Wiederauferstehung.

Das zukünftige Leben wird eine Wiederholung des gegenwärtigen sein. Aber die Menschen werden dann in einem Jugendstadium verbleiben, Krankheit und Tod werden unbekannt sein, es wird keine Heiraten mehr geben. Die Tiere, Vögel und Fische werden neu wieder erscheinen ... Ein Erdparadies also.

Diese Darstellung des Weltendes hatte im Jahre 1882 der britische Forscher Man notiert[44] und erregte mit seinen Aufzeichnungen alsbald Zweifel bei anderen Forschern; wohl weil man dem »primitiven« Volk der Andamesen solch eine kosmische Vorstellung mit Schöpfergott, Totenreich und Himmelsstütze nicht zutrauen mochte. Schon der Himmelsgott, meinten sie, weise auf eine höhere Religion hin, auf indische Einflüsse etwa, wo das Bewußtsein vom Gott als Zerstörer sehr stark ist. Andere wiesen außerdem darauf hin, daß sich der Mythos vielleicht auf Erdbebenkatastrophen der Vergangenheit bezöge, statt in die Zukunft zu schauen – schwer zu entscheiden bei einem Volk, dessen Sprache keine Futurform besitzt! Wir haben aber bereits aus vielen Beispielen gesehen, daß der Himmels- und Schöpfergeist ein universell bekanntes Gut ist.

Klären können wir diesen kleinen Wissenschaftlerzwist heute nicht mehr. Bereits seit 1858, als die britischen Kolonialherren auf den Inseln eine Strafkolonie errichteten (ein typisches Phänomen der Kolonialepoche, siehe Neu-Kaledonien, Guinea, Australien), ging es abwärts mit den Ureinwohnern. Ihre tapfere Verteidigung mit Pfeil und Bogen war Gewehren und Artillerie nicht gewachsen. Was Genozid brutalster Form nicht schaffte, rafften übertragene Krankheiten, wie Bronchitis, Syphilis, Masern, Darmkrankheiten, Tuberkulose, hinweg, das Alkohol- und Opiumangebot der britischen Siedler taten ihr übriges. 1989 blieben von zehn Stämmen nur noch neunundzwanzig Personen übrig, davon vierzehn Kinder, neun von einer einzigen Mutter.[45]

Respektieren wir diese verachteten »Primitiven« und ihren Traum von Wiederauferstehung aus dem Totenreich nach dem großen Massaker und dem großen Beben!

Die kosmische Vorstellung einer Brücke zwischen Diesseits und Jenseits, zwischen Himmel und Erde begegnet uns hier, welche, unabhängig voneinander, auch bei anderen Kulturen bekannt ist.

Wie zum Beispiel auf Nias, einer kleinen indonesischen Insel westlich von Sumatra. Die Erde wird, so sagten die Bewohner voraus, in unbestimmter Zeit kentern, ins Meer versinken, und das Unterste kommt zuoberst. Auch hier wird dem Glauben nach alsbald eine neue Erde entstehen, diejenige, die vormals unterirdisch war. Die Brücke zwischen den beiden Erden ist so scharf wie die Schneide eines Schwertes. Nur die Guten können die andere, ideale Erde erreichen, die Bösen stürzen in den Abgrund. Hat jemand im Leben eine Katze beleidigt oder getötet, wird er von der Brücke in den Abgrund stürzen. Darum trat man auf Nias Katzen immer sehr respektvoll entgegen.[46]

Verarbeitete islamische Einflüsse sind hier nicht auszuschließen, denn auch der Islam hat wiederum die Idee einer kosmischen Brücke übernommen, die über einen Abgrund ins Ahiret, ins Paradies, führt, schmal und scharf wie ein Rasiermesser.

Weiter östlich, auf der malaiischen Halbinsel, lebten ebenfalls dunkelhäutige, kleinwüchsige weddische Urwaldvölker: die Sakai. Sie besaßen, wie die Andamesen, neben zahlreichen Naturgeistern ein höchstes Wesen, das oberhalb der Erde am Firmament wohnte und Kaei genannt wurde. Kaei war unsterblich und ein strafender Gott. Man sah in ihm einen übermächtigen Feind, ja einen Eindringling, der ihnen das urzeitliche Paradies geraubt hatte. Er donnerte, wenn er ärgerlich war, weil Menschen eines seiner Gebote übertreten hatten. Dann verlangte er Sühne in Form von Blutopfern.

Nach dem Glauben der Nordsakai (Ple-Té-miar) war aber nicht er, sondern Ja Puden (Großmutter Puden) die Erschafferin von Welt und Menschen. Sie herrschte unter der Erde, im Totenreich, wo die Gebeine der Toten wie Fledermäuse an Balken hingen. Mit den Guten hatte sie Mitleid, schlug jedoch die Bösen. Eines Tages, heißt es, wird sie durch kräftiges Blasen die Welt zerstö-

ren. Eine gewaltige Wasserflut wird die Gebeine aller Toten an einem Ort anschwemmen, und dann wird ihre Auferstehung stattfinden. Die Guten werden auf der erneuerten Erde unter Blumen leben, die Bösen in Kessel mit siedendem Wasser gesteckt.[47]
Bei anderen Sakai-Stämmen ist es die Frau von Kaei, Manoid mit Namen, welche unter der Erde im Totenreich haust. Nebenbei bemerkt, ist dies der einzige bekannte Fall, in dem eine weibliche Gottheit den Weltuntergang auslöst!
Die Kenta oder Kintak Bong fertigten den Ethnologen Schebesta und Evans 1924 auf Befragen sogar Modelle vom Weltablauf an. Der Weltuntergang wird erwartet als Bestrafung von Kaei für Übertretung der Stammesgebote. Ihre ganze Sorge war daher, den Weltuntergang durch Blutopfer aufzuhalten, doch wird es gelingen? Die Gefahr ist um so größer, weil, weigern sich nur einzelne Gesetzesbrecher, Sühne zu tun, die Katastrophe nicht nur sie selbst, sondern die gesamte Menschheit treffen kann.[48]
Bei all diesen Stämmen wird der Weltuntergang ethisch begründet beziehungsweise durch Übertreten sozialer Gesetze. Bei den Kenta folgt allerdings keine Welterneuerung in Form eines Erdparadieses.

Wandern wir weiter nach Osten zu den einstigen Kopfjägern Ngadju-Dajak im Süden der großen Insel Borneo (indonesisch Kalimantan = Land der großen Ströme). Dieses einst zahlreiche Volk lebte von Landbau, Jagd und Fischfang in Dörfern des Waldgebietes. Ihr soziales

Leben wurde durch kosmische Ordnung und Gesetze bestimmt, geschaffen durch eine oberste Gottheit, Mahatara genannt. Im Kult war dieser in den Hintergrund getreten, an seiner Stelle waren die Dämonen und Naturgeister mächtig geworden.

In mündlicher Überlieferung existierte eine umfangreiche Mythensammlung, die über den Ursprung, Heldentaten und Geisterkönige erzählte und Götterlieder weitertrug. Die Geisterfurcht stand im Mittelpunkt ihres Glaubens, denn es gab unzählige davon: Erd-, Baum-, Wasser- und Luftgeister. Die Begegnung mit dieser Geisterwelt erfolgte durch Traum, Tanz, Zaubergesänge. Opfer mußten sie beschwichtigen. Alle Dinge, organisch und unorganisch, galten als beseelt, und mit aufrichtigem Respekt bemerkte der Missionar Hermann Witschi: »Der heidnische Dajak ist viel frömmer als wir.«[49]

Groß war die Angst vor den Seelen der Toten, die in das »Haus der Geister der Lüfte« gehen, wohin die vorausgegangenen Ahnen sie abholen. Die Wanderung ist weit, aber:

»Frohlockend ruft eine der anderen zu: Die Zeit unseres Überwindens ist da! Man hat uns geleitet vom Strande der Welt. Jetzt sehen wir die Stadt, die goldene, des Königs. Wir stehen am Wasser des ewigen Lebens, das reinigt, macht glänzend den Atem!«[50]

Das »Seelenland« ist ein idealisiertes Diesseits, ein Stromland mit viel Wild, Fischen, Reisfeldern. In der Mitte steht der Lebensbaum, dessen Blätter prächtige Kleider, dessen Früchte Edelsteine sind. Die Schwellungen seines Stammes enthalten das Lebenswasser. Dieselbe Sprache wird gesprochen, aber Ausdrücke, welche Gegensätze bedeuten, wechseln ihre Bedeutung; rechts wird links, gerade wird krumm, süß heißt bitter und so weiter. Alle Übertretungen der Gesetze sind aufgehoben, alle Angst ist fort. Es ist aber nicht eigentlich ein ewiges Leben dort, denn die Seelen kehren später wieder auf die Erde zurück, werden zu Pilzen oder Baumfrüchten. Menschen, die sie essen, werden dadurch befähigt, durch Zeugung und Empfängnis der Seele zu neuer Menschengestalt zu verhelfen.[31]

Bei den Dajak besaß jedes Wesen im Kosmos seinen ihm zugewiesenen Platz, mit besonderen Funktionen, die dem Wohl des Ganzen dienten. Normen und Schranken bestanden, die nicht durchbrochen werden durften, um die kosmische Ordnung nicht zu zerstören. Wurde es dennoch getan, begegnete man statt einer segnenden einer strafenden Gottheit.

Der Kosmos wurde als ewig angesehen und repräsentiert durch den Lebensbaum (s. Abb. S. 111). Durch geschnitzte Pfähle wurde er in allen Dörfern und an den Häusern dargestellt. Die Schöpfung war das Ergebnis eines Konfliktes zwischen den Gottheiten, ein heiliger Streit zwischen dem weiblichen und dem männlichen Nashornvogel; zwischen Mahatala (Tag, Oberwelt, Sonne) und Djata (Nacht, Unterwelt, Mond), zwischen Gut und Böse. In diesem ewigen Kampf zerstören sie den Lebensbaum, die darin vereinigten Götter und Embleme und bringen sich selbst um.

Aber aus Vernichtung und Tod entsteht immer neues

Leben. Der Lebensbaum wird nur zerstört, um erneuert zu werden: Unendliche Wiederkehr zwischen Zerstörung und Schöpfung, Tod und Leben.[52]

So ist der Lebensbaum die totale Gottheit. Die Ganzheit, Herrlichkeit und Grausamkeit des gesamten Kosmos, ewig aus Vernichtung neu emporsteigend. Er taucht auch in ganz anderen Gebieten der Erde in mancherlei Varianten als kosmisches Symbol auf. Kein Wunder, ist doch der Baum das sichtbarste Beispiel für Wachstum, Kraft, Überlebenskampf, Erneuerung, langes Leben in der Natur. Darum stand er bei vielen Völkern in der Mitte des Alls, verband Himmel und Erde, war der Wohnsitz von Geistern und Göttern. Bei den Germanen erscheint er als Weltesche Yggdrasil, in der persischen Überlieferung ragt er aus dem Ozean hervor, im älteren Hinduismus steht er sogar umgekehrt, mit den Wurzeln im Himmel, bei den Andamesen ruhte die Erde auf dem Palmbaum Barata. Sowohl in Mesopotamien als auch im Lamaismus taucht der Weltenbaum auf, und der siebenarmige Leuchter des Judentums entspricht dem Himmelsbaum, der die Planeten trägt.

Bei den Ngadju-Dajak stand der Lebensbaum wie kaum anderswo im Zentrum ihres Kultes. So wurde nach Ablauf eines »Heiligen Jahres« (nach regelmäßigem Ablauf einer sogenannten Weltzeit) der neue Lebensbaum errichtet, als Höhepunkt der Festlichkeiten nach Einbringen der Ernte. Das bedeutete Vergehen und neues Werden in der kosmischen und sozialen Einheit zugleich. Das Fest mündete in einem allgemeinen sexuellen Austausch und Verkehr. Dies bedeutete die Vereinigung

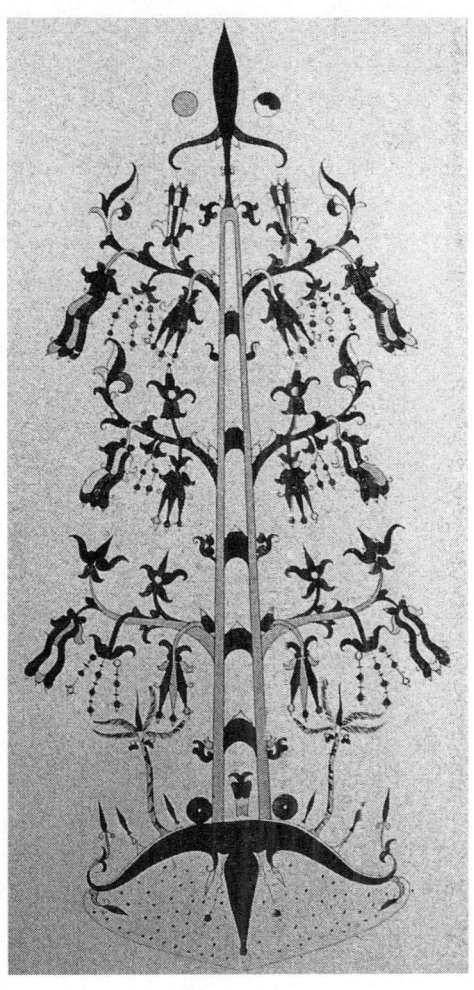

*Der Lebensbaum der Ngadju-Dajak als Totalität
der Embleme und Güter der Höchsten Gottheiten
(nach Schärer)*

von Oberwelt und Unterwelt, von Mahatala und Djata, zu einer universellen und persönlichen Ganzheit.[53]

Kann man sich ein vollkommeneres Bild von ewiger Wiederkehr als den Lebensbaum der Dajak denken?

Heute sind sie selbst als Volk mehr und mehr bedroht. Vor allem durch die Abholzung der tropischen Regenwälder durch internationale Konzerne wird ihnen unerbittlich seit den letzten dreißig Jahren Stück für Stück ihrer Lebensgrundlage entzogen. Es ist nur noch eine Frage der Zeit, wann ihr eigener »Lebensbaum« gefällt werden wird.

»Nur die Götter leben weiter.«
OZEANIEN

Ebenso wie Erdbeben werden Mond- und Sonnenfinsternis auch bei den Völkern der Inseln des Pazifischen Ozeans mit Entsetzen beobachtet und als Vorboten eines
Weltendes gefürchtet.
So glaubten die Bukaua (Bucawac) im Nordosten Neuguineas, daß der sich verfinsternde Mond oder die sich
verfinsternde Sonne gestorben seien oder mit schwerer
Krankheit rängen. Konnte man sie nicht mehr zum Leben erwecken, müßten alle Menschen zugrunde gehen.
Nur solange die beiden Gestirne gelb und rot leuchte-
ten, konnte die Menschheit weiterleben. Sie schrien
deshalb zu dem sich verdüsternden Mond hinauf: »O
Mond, werde lebendig, Mond, werde lebendig!« Sie
klagten laut: »Oh, der Mond ist tot, nun wird der Himmel einfallen, wir werden alle verderben!« Sie bliesen
auf Muschelhörnern, schlugen die Trommeln, bis der
Mond wieder hell wurde. Die Bukaua hatten das Gefühl, noch einmal davongekommen zu sein. Sie wissen
auch, daß das Firmament von einem Mann gehalten
wird, der fern am Horizont sitzt. Der Mann verkündete:

> »Ich sitze hier und halte dieses Firmament fest über
> euch (Menschen). Wenn ich nicht wäre, würde das gro-
> ße Gewölbe herniederkommen, euch erdrücken, so daß
> ihr alle zugrunde ginget.«[54]

Eine Art Riese also, der dem Riesen Atlas aus der griechischen Mythologie ähnelt, nur, daß er nicht die Welt, sondern das Himmelsgewölbe auf seinen Schultern trägt und der Menschheit ständig droht, die Last loszulassen.

Weltuntergang wird auch auf Neuguinea, wie in vielen Erdbebengebieten, als durch eine Naturkatastrophe entstehend oder zumindest ausgelöst geklärt. Doch wird weder eine Bestrafung der unfolgsamen Menschheit als wahre Ursache angegeben oder, fatalistisch, nicht erwähnt. Die Götter handeln willkürlich, der Mensch ist nur ein unbedeutender Spielball ihrer Launen.

Endgültig ist der künftige Weltuntergang für die Kai, ein anderes Volk auf Neuguinea. Ihre dreiteilige Welt beherbergt im Zentrum auf flacher Erde die Menschen. Die Erde reicht bis zum Horizont, nicht weiter. Dort wird sie abgegrenzt durch das Himmelsgewölbe, das wie eine riesige Glasglocke darübergestülpt ist. Über dem Himmelsgewölbe befindet sich der Wohnsitz der »guten Menschen«, unter der Erdscheibe dagegen der der bösen. Kosmische Vorstellung, die uns immer wieder begegnet und in den drei monotheistischen Religionen übernommen wurde.

Die Kai kannten einen Schöpfergott Malengfung, der Bedeutung für ihr kosmisches Bild hatte, aber – auch ein weltweites Phänomen – in der religiösen Praxis keine Rolle spielte. Nach der Erschaffung der Urmenschen zog er sich zurück, überließ sie und die Welt ihrem Schicksal. Am Ende der Welt, hinter dem Horizont, verschwand er.

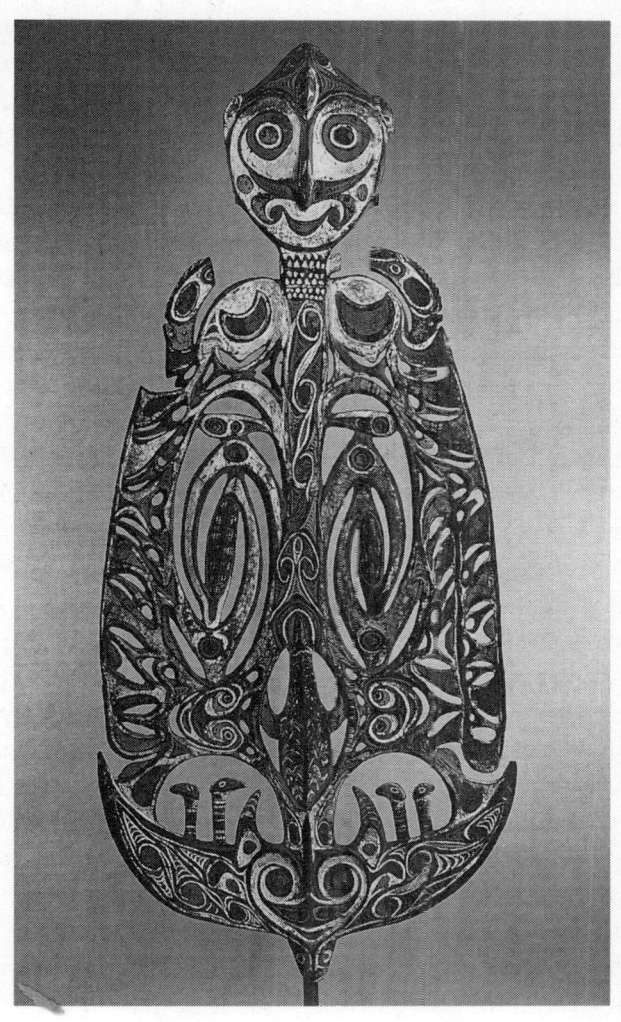

*Kultbrett vom mittleren Sepik,
Dorf Angerman. Neuguinea*

Eines Tages aber wird er sich von seiner Ruhestätte »am Rande der Morgenröte« erheben. Er wird den Himmel, der der Erde übergestülpt ist, zertrümmern, so daß er über der Erde zusammenstürzt und alles Leben vernichtet.[55]

Der Grund für dieses Zerstörungswerk des Schöpfergottes, das sein eigenes Werk vernichtet, wird nicht angegeben – was nicht unbedingt heißen soll, daß er nicht existierte. Vielleicht hatte der notierende Ethnologe nur nicht genug Fragen gestellt?

Das Motiv selbst ist uns bereits bekannt von den Algonquins, wo der Schöpfergott Manabozha ebenfalls zurückgezogen in einem Versteck am Ende der Welt schlummert. Durch die Weißen aufgestört, wird er den Weltuntergang auslösen, indem er den Fuß wieder auf die Erde setzt (siehe Kapitel »Prophezeiungen der Indianer«).

Unsere Reise führt uns weiter in den Nordosten des Pazifischen Ozeans bis zu den Karolineninseln. Sie gehören zum mikronesischen Raum, spät besiedelt vom asiatischen Festland her wie alle pazifischen Inselgruppen. Jede Insel war ein losgelöstes schwimmendes kleines Naturwunder, bevor Kolonisierung, Seekriege der Großmächte, Atomversuche und Tourismus ihr Zerstörungswerk begannen.

Heftige Taifune mit Sturzfluten sind in dieser Inselwelt ein wiederkehrendes Naturphänomen, das auf die Vorstellung der Insulaner vom Weltuntergang einwirkte und ihr Denken auf mögliche endgültige Zerstörung der

Welt gelenkt hat. Dabei haben sich von Insel zu Insel Varianten entwickelt.

Die Bewohner von Mogemog (Zentralkarolinen) dachten, solche Taifune entstünden, wenn ein Stern zerbricht. In diesem Falle kann auch der Himmelsgott Aluelap nicht helfen.

Auf Aurepik treten trotz des Naturmotives sozial-ethische Begründungen des drohenden Weltunterganges hervor. Über dem dreiteilig gedachten Universum herrschte Lugelan, der Sohn des Weltschöpfers Solal. Er beaufsichtigt die Menschheit ständig. Sieht er, daß ein Inselhäuptling nicht darauf achtet, daß seine Leute gut sprechen und gut handeln, könnte er eines Tages die Insel – identisch mit der Vorstellung der Welt – auf ewig durch einen Taifun zerstören. Endgültiger Weltuntergang als Strafe.

Die Bewohner von Faralaup (Zentralkarolinen) wußten, daß der Weltschöpfer Aluelap als moralischer Aufseher über sie wachte, wie er auch über den ganzen Kosmos wacht. Böse Menschen tötet er durch Blitz und Donner. Diese individuelle Bestrafung kann indessen erweitert werden: Auf Geheiß von Aluelap kann der Gott Solal das Meer erregen, Taifune entstehen lassen und so die Menschheit zerstören.

Auf Namoluk erfolgt der Weltuntergang auf Beschluß des Gottes Luk (auch Lukeilan, Lugeilan). Er ist der höchste aller Götter, war von Anfang an da, ist nie erschaffen worden, wird niemals sterben, ist der Schöpfer von Himmel, Göttern, Menschen. Sein Wohnsitz ist im Himmel, wo er als Herrscher aller Götter über Sonne,

Regen, Gewitter, Sturm gebietet. Er taucht in Varianten auf allen Inseln ringsum auf.

Die Bewohner von Mortlok nannten das höchste aller Wesen Anulap, das heißt den Großen Geist, und glauben ihrerseits, dieser habe Luk erschaffen und ihn zum Herrn gemacht mit der Bestimmung, daß die Menschen ihre Gebete an ihn richten sollten.

Erzürnt über die Schlechtigkeit der Menschen wird Luk eines Tages die Welt untergehen lassen:

>Eines Tages, wenn die Menschen Luk nicht mehr ehren, ihm nicht opfern, Kriege führen, die er nicht haben will, und Sünden begehen, dann wird der Herr der Welt diese vernichten. Er sendet Oupulap, den Donner, Ainiar, den Wirbelsturm, der alles umstürzt, Atupuase, der die Bäume umwirft, Lifau faunemai, der alles, Meer und Land, verschlingt, und Lisesar piro, der große Felsen aus dem Meer ins Land wirft. Dann geht alles zugrunde. Nur die Götter leben weiter.«[56]

Überall auf den Karolinen treffen wir diese Vorstellung eines den ganzen Kosmos regierenden, zusammenhaltenden und überwachenden Übergottes an, der Störungen des Kosmos, würden sie überhandnehmen, durch die Vernichtung der schuldigen Menschen ahndet. Als Vermittler zwischen Göttern und Menschen tritt Olafat (auch Olifat, Yelafath) auf, der älteste Sohn des Himmelsgottes. Er ist eine Art Halbgott, denn seine Mutter, die ihn aus dem Haupte gebar, war sterblich. Olafat spielte eine wichtige Rolle bei der Gestaltung und Ein-

richtung der Welt, brachte den Menschen viele Wohlta-
ten, so das Feuer, und unterrichtete sie in der Kunst des
Tätowierens. Himmelsbote, Weltschauer, Helfer, Retter, auch Schelm, wurde er später zum Herrscher über
die Seelen der Verdammten. Beim erwarteten Weltuntergang muß jedoch auch er sterben.

Ein Weltuntergang ohne Hoffnungsschimmer für die
Menschheit, selbst für den Vermittler Olafat. Dennoch
muß beachtet werden: Die unsterblichen Götter leben
weiter! Werden sie – Frage ohne Antwort auf den Karolineninseln – eine neue Menschheit schaffen?!

Auf den polynesischen Gesellschaftsinseln, die noch
weiter östlich liegen und mit der Hauptinsel Tahiti heute zu Frankreich gehören, wurden Mond und Erde ge-
geneinandergestellt: der eine unsterblich, die andere
zum Sterben verdammt. Wie bei so manchen Völkern
der Erde erweckte die Beobachtung des Abnehmens und
Zunehmens des Mondes – in unseren Städten kaum
noch beachtet, verschwindet er doch hinter Hochhäu-
sern und Smogwolken – Gedanken und Träume an eine
Weltwiederkehr.

Auf den Gesellschaftsinseln wurde das regelmäßige Abnehmen und Zunehmen des Mondes so erklärt, daß der
Mond sich selbst wieder erschaffen könne, obwohl er
während der letzten zwei Tage des Mondumlaufes tot
sei. Der Mond starb also, um sich ständig selbst wieder
zu erzeugen, in ewiger Wiederkehr.

Nach anderer Überlieferung soll die Mondgöttin Hina
indessen versucht haben, dem Menschen die Unsterb-

lichkeit durch Wiederauferstehung nach seinem Tode zu verschaffen. Sie geriet deshalb in Streit mit Fatou, der Erdgöttin. Diese weigerte sich, die Menschen wieder lebendig zu machen. Hina mußte nachgeben, aber sie erreichte, wenigstens den Mond zu ständig neuem Leben zu bringen. Also wird nun, was zu Hina gehört, ständig erneuert, doch was zu Fatou gehört, muß untergehen. So muß auch der Mensch sterben, weil er von der Erde erzeugt wurde. Und es heißt in diesem Mythos, den ein alter Priester dem Forscher Moerenhout erzählte: Auch die Erde wird einmal zu Ende gehen, um nicht wieder erneuert zu werden.[57]

Noch eine Bemerkung zum oft auftretenden Motiv göttlicher Bestrafung als Ursache des Weltendes. Es kommt den Vorstellungen nahe, die uns aus dem jüdisch-christlich-islamischen Bereich vertraut sind. Diese sind wiederum hervorgegangen aus den uralten Paradies- und Sündenfallmythen der Hebräer der Sammelstufe.
Es besteht jedoch ein entscheidender Unterschied, da etwa auf den Karolineninseln und anderswo jener ausschlaggebende »Sündenfall« fehlt: Das Erwachen geschlechtlichen Verlangens, wonach die Menschheit auf ewig verflucht ist, unter Schmerzen zu gebären, im Schweiße ihres Angesichts ihr Brot zu verdienen, und, mit der Erbsünde belastet, auf das letzte Strafgericht wartet. Solch eine harte Bürde, letztlich »ungerecht«, wird anderswo den Menschen nicht auferlegt.
Eine Bestrafung durch Götter erfolgt vielmehr (worauf schon mehrfach aufmerksam gemacht wurde), wenn je-

mand das soziale Gefüge stört, Initiationsriten verrät, Heiratssitten nicht respektiert und sich durch ähnliches Verhalten oder Taten als asozial erweist. Es wird also keine »Sünde« im uns vertrauten moralischen Sinn begangen, sondern es herrscht eine pragmatische Grundhaltung, das heißt, die Ordnung der Gesamtheit, identisch mit der kosmischen Ordnung, darf nicht gestört werden. Die Menschheitszerstörung kann dabei durchaus ausgelöst werden infolge sozialer und damit kosmischer Störung eines einzelnen Individuums, das sich vergeht. Ein Beispiel unter zahlreichen: Der oberste Gott Mungan ngaua ließ Feuer und Flut über die Kurnai in Südostaustralien kommen, weil einer aus ihrem Volk die Initiationsriten an Frauen verraten hatte.[58]

Skarabäus und Urschlange
AFRIKA

Auf unserer globalen Reise blieb bisher der afrikanische Kontinent ausgespart; aus dem einfachen Grunde, weil er ein weißer Flecken zu sein scheint, was Weltendmythen betrifft. Doch warum, so fragt man sich zu Recht, sollten sie nur auf einem einzigen Kontinent fehlen, während sie überall so großartig und ahnungsvoll entwickelt wurden?

Die Beziehungen der afrikanischen Völker zur Natur waren angesichts der extremen klimatischen Bedingungen, der Härten des Überlebens ganz besonders eng verflochten. Durch den weitverbreiteten Totemismus wurden sie selbst ein Teil des Kosmos. Das Außerirdische und Magische umgab sie auf Schritt und Tritt. Sie wußten von der kosmischen Bedeutung des Mondes, der Sonne, der Erde, des Regenbogens. Riten riefen den Regen herbei. Die traditionellen afrikanischen Religionen kannten einen Schöpfergott, dem aber, wie in zahlreichen indigenen Kulturen anderer Kontinente, nicht obligatorisch ein Kult geweiht war, weil er oft als zu fern empfunden wurde. Die Toten gingen in die Reihen ihrer Ahnen ein. Zentrale Bedeutung kam überall den Priester-Magiern zu. Diese waren besonders inspirierte weise Männer – oder Frauen –, welche die Weltbilder ihres Kulturkreises zusammenfaßten, sie dank ihrer Naturbeobachtungen und Meditationen weiterentwickelten und gewiß von Generation zu Generation auch Weltendvorstellungen mündlich weiterleiteten.

Es erscheint deshalb mehr als hochmütig zu behaupten, sie seien zu »primitiv« gewesen, um überhaupt ein Weltbild zu entwickeln, wie der Ethnologe Lehmann es in seinen Abhandlungen andeutet! Er begründet dieses Fehlen sogar mit »rassischer Eigentümlichkeit«![59] Tatsächlich sieht es so aus, als ob die afrikanischen Völker offenbar keine bodenständigen Weltuntergangsmythen besaßen – oder sie uns nicht mehr überliefern konnten. Das Vordringen des Islam über weite Teile des afrikanischen Kontinents begann bereits ab Ende des 7. Jahrhunderts, und schon ab dem 14./15. Jahrhundert kam Europa mit all seiner brutalen Kolonialgier und Zerstörungswut mit afrikanischen Kulturen in Berührung, gegenüber deren »heidnischen« Traditionen man selbstverständlich unsensibel war. Überkontinentaler Sklavenhandel zersplitterte und zerstörte vier Jahrhunderte lang Kulturen, wobei dennoch Bruchstücke ihrer Magie, ihrer Riten und kosmischer Vorstellungen auf den amerikanischen Kontinenten überlebten und diese bereichert haben. Doch in Afrika kam das Interesse an den einheimischen Kulturen zu spät.

Zusammenfassend erscheint es so, als ob viele Kulturen eine ausgeprägte individuelle Eschatologie besaßen, doch keine kosmische. Häufig schien auch diese Vorstellung zu sein: Die erste Schöpfung sei fehlgeschlagen, worauf es zum Chaos gekommen und die gegenwärtige Welt entstanden sei.

Was uns sonst überliefert ist, zeigt den allzu christli-

chen oder islamischen Einfluß auf die Weltuntergangsvorstellungen. Was gleichzeitig ihre Dürftigkeit erklärt.
Auf dem so tief christlich-katholisch imprägnierten la-
teinamerikanischen Kontinent blieben uns – abgesehen
von den Mythen der Stadtkulturen der Azteken, Maya
und Inka, dies dank Stelen und Bilderhandschriften –
eben gerade jene erhalten, die auf Grund ihrer Urwald-
abgeschiedenheit von christlichen Einflüssen lange ausgespart wurden. Auch die wenigen Sintflutsagen auf
dem afrikanischen Kontinent sind verdächtig von
christlicher Sintflutsage inspiriert.

In Altägypten stoßen wir indessen auf den Schöpfergott
Atum von Heliopolis, ein schillerndes Wesen, das
gleichzeitig das Urchaos personifizierte, aus dem alles
Sein hervorging. Er war der »Selbsterstandene«, und bevor Himmel und Erde getrennt wurden, war er der »Ein-
herr«. In den Pyramidentexten tauchte er als Urhügel
auf und im Bilde des Skarabäus, des heiligen Käfers,
Symbol der Selbstschöpfung, weil er angeblich aus einer
Mistkugel entsteht. Aber auch die Schlange als unter-
irdisches Tier ist eine Erscheinungsform von Atum. Im
ägyptischen Totenbuch (Kap. 175) spricht Atum zu Osi-
ris (dem unterirdischen Fruchtbarkeitsgott, Herrscher
der Unterwelt, ermordet und wiederauferstanden) vom
Weltende: Er verkündet dort, daß er alles Geschaffene
wieder zerstören und sich selbst in die Urschlange zu-
rückverwandeln werde.[60]

Der Schöpfergott als endzeitlicher Schöpfungszerstörer:
Universell ist uns diese Zukunftsvision überliefert, ohne daß von einer Wanderbewegung die Rede sein kann.

Entfesselte Dämonen
EUROPA

Kommen wir zurück nach Europa. Hier waren vor allem im nördlichen Raum uralte Weltuntergangsmythen vorhanden. Sie sind durch ihre Reichhaltigkeit und Vorstellungskraft besonders faszinierend.

Das älteste Zeugnis erreicht uns von den Kelten aus dem 4. Jahrhundert v. Chr. Damals in der Nähe Griechenlands siedelnd, baten sie Alexander den Großen, der sich auf seinem Siegeszug in den Donaugegenden befand, um Freundschaft. Dieser lud ihre Vertreter zu einem Gelage ein. Nach reichlichem Weingenuß fragte er sie hochmütig, wovor sie am meisten Angst hätten? Die Kelten antworteten zu seinem Ärger, sie fürchteten nur das eine: daß der Himmel herabstürzen würde.[61]

Die Priester- und Führerkaste der gallischen Druiden glaubte etwa dreihundert bis vierhundert Jahre später an einen Weltuntergang durch Feuer und Wasser.[62]

Anfang des 20. Jahrhunderts schrieb ein Lappe die Mythen seines Volkes auf, in denen es u. a. heißt:[63]

>»Der Polarstern hält den Himmel hoch; und wenn am letzten Tage Favtua mit seinem Bogen den Polarstern trifft, dann fällt der Himmel herab und zerdrückt die Erde, und dann gerät die ganze Erde in Brand, und dann geht alles zu Ende.« (Favtua ist der Stern Arkturus, sein Bogen ist der Große Bär.)

Eine Variante zu dieser Vision findet sich bei den russischen Lappen auf der Halbinsel Kola, wonach der große Berggeist lange Zeit Jagd auf das weiße Rentier mit den goldenen Hörnern macht. Er erbeutet es schließlich und stößt ihm sein Messer ins Herz. In diesem Augenblick fallen die Sterne vom Himmel, der Mond erlischt, die Sonne stürzt in weiter Ferne hernieder. Kein lebendes Wesen bleibt auf Erden, es ist das Ende der Welt.[64]

Dies ist eine Vision, die auf vollendete Weise die unauflösliche Verflechtung von Natur und Kosmos wiedergibt: Tötet man einen Teil, bricht der gesamte Kosmos zusammen. Frage ohne Antwort: Überlebt der große Berggeist, oder geht auch er unter?

In beiden Fällen entsteht der Weltuntergang durch Zusammenstürzen des Himmelsgewölbes.

Weit verbreitet war bei den Lappen und anderen nördlichen Völkern die welterhaltende Säule, ebenso bekannt aus anderen Kontinenten, siehe die Andamesen, die Guarani. So war das große Heiligtum der alten Sachsen die Irminsul, die »Weltsäule«, die 772 von Karl dem Großen im Namen des Christentums umgestürzt wurde. Der Geschichtsschreiber Rudolf von Fulda (um 850) definierte sie zu Recht als »die Säule, die das Weltall aufrechthält« (universalis columna quasi sustinens omnia). Jährlich war sie errichtet und zur Stärkung mit Blut getränkt worden. Ihr brutales Fällen muß für die Sachsen bereits eine Art »Weltende« bedeutet haben.

Auch die Vorstellung eines welterhaltenden »Erdnagels« oder »Gottheitsnagels« existierte. Sie waren in die nordischen Säulen in der Halle, die »Hochsitzsäulen«, eingeschlagen und sollten die Welt sicher an ihrem Platz bewahren.[65]

Dieser Gedanke taucht in der Edda-Mythologie nicht mehr auf. Als Hauptquelle aller nordischen Weltuntergangsvorstellungen haben wir die Völuspa, ein berühmtes Gedicht aus der älteren Edda, jene stabreimenden Lieder des 9. bis 12. Jahrhunderts, die allerdings bereits christlich angehaucht sind. Ebenso in den Götterliedern, Heldenliedern und historischen Gesängen der Skalden, der altnordischen Dichter und Sänger.

In den Edda-Mythen finden wir die Vorstellung von zwei Wölfen, die in der Nähe der Sonne laufen und von denen der eine die Sonne verschlucken wird, was das Weltende bedeutet.

So wird der Weltuntergang in der Völuspa beschrieben (56): »Die Sonne wird schwarz, die Erde sinkt ins Meer, es fallen vom Himmel die klaren Sterne, Feuer und Rauch rasen zusammen, und die Lohe spielt zum Himmel empor.«

Doch der Weltuntergang ist nicht definitiv. Es erfolgt die Wiedergeburt der Erde, die Welt wird wiederum aus dem Meer auftauchen (57,60): »Das seh ich auftauchen zum andernmale aus dem Wasser die Erde und wieder grünen ... Alles Böse bessert sich, Baldur kehrt wieder.«

Es gab auch die nordische Vorstellung vom Fimbulwinter, ein rares Motiv, das nur in einem einzigen Eddalied erwähnt ist und die harten klimatischen Bedingungen widerspiegelt: Dies ist eine unendlich dauernde Winterzeit, welche die Vernichtung des Menschengeschlechtes bedeuten würde. Nur ein Menschenpaar werde überleben, auf übernatürliche Weise, und so den Keim für ein neues Geschlecht legen. Einen ähnlichen Mythos finden wir nur bei den alten Persern der Avesta-Zeit.[66] Die wichtigste Quelle für die Weltuntergangsvorstellungen der Eskimos (von deren Sintflutsage bereits die Rede war) ist das Tagebuch des Missionars Paul Egede von seinem Aufenthalt in der Diskobucht 1734–1740. Dort bestand der weitverbreitete Glaube an eine Stütze unter dem Himmel. Sie sei jedoch schon fast verfault. Und wenn sie zusammenbrechen werde, werde auch der Himmel einstürzen und alle Menschen totschlagen. Auch bestand die Vorstellung eines Himmelsdammes, hinter dem sich das Meer befinde. Birst der Damm eines Tages, wird der Himmel herabfallen. Gefürchtet waren ebenfalls Verfinsterungen von Sonne und Mond.[67] Heimische Natureindrücke in ihrer Gewalt und Bedrohung manifestierten sich in Weltendvisionen – wie anderswo und in anderen Varianten in Erdbeben- und Taifungebieten.

Auch bei den Nordmenschen taucht der Mythos von dem gefesselten Ungeheuer auf, das sich entfesselt. Wie die persische Schlange im Demavend, die Schlange Shesha im alten Indien, erdtragender und -erschütternder Schlangendämon, der gefesselte Satan des Christentums. Götter kämpfen gegen die zerstörerischen Ungeheuer.
Bei den Germanen war der Weltuntergang verknüpft mit der Gestalt des Riesen Loki, eine Art Trickster und typisches unheimliches Weltendwesen. Er erscheint

bald als Stute, Frau, Lachs, Fliege, Floh. Seine Schuhe tragen ihn durch die Luft und über die Meere. Durch einen Bund mit dem Göttervater Odin in den Kreis des Göttergeschlechts der Asen aufgenommen, erweist er sich als finsterer Intrigant. Er paart sich mit der Riesin Angrbodha, und sie zeugen zwei weltzerstörerische Wesen: den Wolf Fenrir und die Schlange Midhard, welche sich um die Erde windet; auch ein uns schon bekanntes Motiv.

Doch als Loki aus Eifersucht den strahlend schönen jugendlichen Gott Baldur, Symbol der grünenden jungen Welterneuerung, Odins und Friggas Sohn, ermordet, ketten die Götter zur Strafe und als grausame Rache Loki mit den Eingeweiden seiner eigenen Söhne an einen Stein. Über ihm hängt eine Schlange, die ihr Gift auf Lokis Kopf träufeln läßt, als ewig währende Folter. Doch kurz vor Weltuntergang wird es Loki gelingen, sich zu entfesseln; wie auch Satan sich entfesselt.

Dieser Weltuntergang zieht sich längere Zeit hin und ist in der Schrecklichkeit seiner Beschreibung unerreicht, von der Apokalypse des Johannes abgesehen. Die Zerstörung ist schon bis zum Weltenbaum Yggdrasil vorgedrungen: Sein Laub wird angefressen von einem Hirsch, seine Rinde verfault, die Wurzeln werden von einem Drachen benagt. Die Götter sind untereinander verfeindet, Loki und seine Nachkommen, der Wolf und die Schlange, sind entfesselt. Loki an der Spitze der unbezähmbaren Riesen und Surtr, der Herrscher über Muspelheim, der feurigen Unterwelt, an der Spitze der Feuerdämonen werden die Welt in Brand setzen.

Das Göttergeschlecht der Asen und ihre Feinde vernichten sich gegenseitig. Fenrir, der Wolf, tötet den Göttervater Odin. Vidar, Sohn Odins, tötet Fenrir. Thor und die Große Schlange töten sich gegenseitig. Alle himmlischen Lichter erlöschen. Die glühende Erde versinkt im Meer, wie es die Edda beschreibt. Eine gigantische Götterschlacht beendet alles Leben auf Erden. Chaos, Nacht, Finsternis und Hoffnungslosigkeit.

Doch nein: Die Erde wird ja wieder auftauchen als Wohnort des lichten und unschuldigen Baldur, des nur Erduldenden.[68] Hoffnung und Erneuerung wiederum ... Dieser Mythos der alles zerstörenden Weltuntergangsschlacht wurde von den Ariern weitergetragen bis nach Indien.

Für Axel Olrik, dessen klassische Arbeit sich besonders mit dem Ragnarök (»Götterdämmerung«) befaßt, sie aber auch mit den Endzeitvorstellungen anderer Völker vergleicht, sind die nordischen Weltendmythen »der Sammelpunkt und Gipfelpunkt fast aller volksmythischen oder naturgebundenen Vorstellungen vom Untergang der Welt«.[69]

Die Antworten der Völker

> »Auf die Frage, ob ich pessimistisch
> oder optimistisch sei, antworte ich,
> daß mein Erkennen pessimistisch und
> mein Wollen und Hoffen optimistisch
> ist.«   *Albert Einstein*

Welt und Antiwelt? Licht und Finsternis? Chaos und
Ordnung? Materie und Antimaterie? Auch die Forscher
unserer dem Fortschritt gewidmeten Epoche, zwischen
Meßkabinen, Elektromagneten, Turbomolekulartur-
binen, umgeben von verschlungenen Kabelbüscheln,
Vakuumpumpen, raffinierten Meßgeräten, die jedem
Science-fiction-Film entnommen sein könnten, werden
an einen Punkt an einer unsichtbaren Wand gelangen,
wo dem Menschen und seinem Forschertrieb eine Grenze gesetzt ist. Sie müßten es selbst wissen, trotz ihres
ungebrochenen Glaubens an diesen Fortschritt (wohin?): Hier hört es auf für uns!
Und hier setzen, in all ihrer Unschuld, die Ahnungen
ein, in Mythen »primitiver« Völker ausgedrückt. Während unsere sich von Tag zu Tag weiter technisierende
und menschlich isolierende »hohe« Zivilisation Probleme geschaffen hat und immer mehr aufhäuft. Probleme,
welche der begrenzte Verstand des homo sapiens immer
weniger bewältigen, überschauen und bremsen kann

und so letztlich an seinem eigenem Untergang und dem der Erde arbeitet.

Wenn wir hier Weltuntergangsmythen indigener Völker vorgestellt haben, müssen wir zuerst anerkennen lernen, daß es keine »primitive« Mentalität gibt, sondern nur verschiedenartige, andersartige Wahrnehmungen der Welt, der Wirklichkeit, des Kosmos. Wir sagen indigene Völker, um den Ausdruck »Naturvölker« zu vermeiden, der, in Kontrast zu »Kulturvölker« gestellt, einen abwertenden Klang erhält. Es gibt keine Gesellschaft ohne Kultur. Ebenso sollte man vermeiden, Kulturen in »schriftlose« und »schriftbesitzende« zu unterscheiden, wobei erstere in der Regel niedriger eingestuft werden. Abgesehen davon, daß auch Stadtkulturen wie die der Inka keine Schrift besaßen, von der Knotenschrift abgesehen, was soll diese überhebliche westliche Sichtweise angesichts der schillernden Mythologien, der reichbevölkerten Götterwelt, der staunenswerten Sozial- und Kunstformen vieler Urwald-, Prärie- oder Südseevölker?

Alle Völker der Erde, auch die sogenannten prähistorischen, auch die verstecktesten, haben eine Fülle von Schöpfungsmythen entwickelt, um die Frage nach der Erschaffung und des Funktionierens ihres Umfeldes – identisch mit der Welt als solcher –, der Natur, der Menschen, der elementaren Fruchtbarkeit aller Lebewesen, um das Wiederkehren der Jahreszeiten, den Wandel der Gestirne zu erfragen und zu erklären. Wo menschliches Verständnis auf jene bewußten Grenzen stieß, setzte für die Völker, welche wir hier mangels besseren Ausdrucks indigen nennen (im Sinne von eigenständig, beziehungsweise unbeeinflußt von westlicher Kolonisierung und Zwangsideologisierung), die Welt der Naturgeister, der Götter ein. Die oberhalb des Himmelsgewölbes, hinter dem Horizont, doch ebenso unter der Erde herrschten, wo auch die Toten lebten, jene verschwundenen Ahnen, die in der Tradition weiterlebten und über sie wachten. Die Natur war belebt bis zum letzten Grashalm und Wassertropfen, es gab ein Spannungsfeld, einen ständigen Austausch, zu respektierende Grenzen zwischen ihr und den Menschen. Im Gegensatz dazu beachten wir die Natur nur noch ihres Nutzens und ihrer Ausbeutungsmöglichkeiten wegen, wir degradieren sie zu »Reservaten«. Wie auch immer das Weltbild jener Kulturen variierte, räumlich und spirituell, durch konkretes Umfeld wie Steppe, Wüste, Urwald, Gebirge, Hochebene, Ozean – gewisse Aspekte waren allen gemeinsam.

Der Schöpfergott, überall präsent (man spricht sogar von einem »Urmonotheismus«), zieht sich häufig nach geschaffenem Werk zurück und überläßt es den Menschen, sich allein zu entwickeln und durchzuschlagen. So sagen von ihm etwa die Pygmäen Afrikas: »Kmvom ist fern, er hat uns verlassen, und deshalb sind wir elend geworden.« Er kann aber eines Tages aus seinem Tiefschlaf, seiner Verborgenheit oder seinem Versteck, seinem langen Schweigen wiederauftauchen, um aus bestimmten Gründen sein eigenes Werk zu vernichten.

Keine Kultur ohne Schöpfungsmythos. Wobei der in den vorderasiatischen monotheistischen Religionen im

Zentrum stehende »Sündenfall« (die Strafe für die Entdeckung der Sexualität und daraus folgender Fruchtbarkeit) und die Einführung des Begriffes »Sünde« (für den es in indigenen Sprachen in diesem Sinne gar keine Vokabel gab!) einmalig dasteht in seiner Negativität. Allgemein begnügen sich Schöpfungsmythen mit der Darstellung, wie Natur, Dinge, Menschen erschaffen wurden, einschließlich sozialer Vorschriften, um das Zusammenleben und Fortleben zu regeln. Sie verfolgen nicht den weiteren Verlauf.

Die Fülle von Sintflut-/Sintbrandsagen rund um die Welt laufen auf Erinnerungen an eine alte Erdkatastrophe hinaus und die Rettung nur weniger Menschen, welche danach das erneute Anwachsen und Aufblühen der Menschheit ermöglichten. Auch sie wurden unterschiedlich erklärt, und das ethische Motiv, das heißt die Bestrafung der Menschheit wie in der biblischen Sintflut, tritt nicht überall hervor. Wenn ja, ist heute nur noch schwer zu trennen, inwieweit christlich-missionarischer Einfluß sich auf die ursprünglichen Sintflutsagen auswirkte. Erstaunlich bleibt die universelle Kenntnis der vorzeitlichen Sintflut. Und damit die mondiale Vorstellung, daß der Weltuntergang zumindest schon einmal stattgefunden habe; und danach die Erneuerung der Welt.

Überall auf Erden erzeugten Natureindrücke, aber auch die tagtäglich beobachtete Erscheinung des individuellen Todes, Vorstellungen von der Zerbrechlichkeit und Vergänglichkeit des Kosmos, von dem ungewissen Schicksal nicht nur der Menschheit, sondern auch des

Universums. Sonne und Mond veränderten sich, die Jahreszeiten kehrten wieder, Raupen entpuppten sich zu Schmetterlingen, Tote verschwanden für immer. Fragen über Fragen.

Mythen und Religionen haben Antworten gesucht auf die in den schweigenden Raum gestellten Fragen. Sie haben sie individuell beantwortet mit der Vorstellung von einem Totenreich, von einer Seelenwanderung sowohl im alten Ägypten als auch in den brahmanischen und buddhistischen Vorstellungen. Oder mit einer künftigen Existenz in einer besseren Welt, dem Paradies. Die Eschatologie entwickelte sich außerordentlich in den mittelmeerischen Regionen. Davon zeugen einerseits ihre Bedeutung in der griechisch-römischen Welt, in den Mysterien-Religionen und andererseits die Fülle der apokalyptischen Literatur, die sich aufbaut auf die Geschehnisse und Schrecken der sogenannten Endzeit. Dieser Gedankenverlauf hat dann einen entscheidenden Einfluß im Neuen Testament, wo Jesus erscheint als der Herr der Geschichte, durch den die historische Zeit in einer linear verlaufenden Welt ihren Höhe- und gleichzeitig Schlußpunkt erreicht.

Doch – wie diese Untersuchung zeigen will – sind die Vorstellungen eines Weltuntergangs keineswegs nur das Ergebnis einer »höheren« religiösen Entwicklung, wie es westlich-zentristischer Überheblichkeit oder christlicher Gläubigkeit selbstverständlich erscheint. Abgesehen von speziellen lokalen Entwicklungen haben ähnliche äußere Bedingungen und Ursachen zusammen mit inneren Fragen universell einen gleichartigen Gedankengang erzeugt: Überall herrscht die Überzeugung, daß eine große zerstörerische Kraft durch ihr Eingreifen das Ende der Menschheit und des gesamten Lebens verursachen wird. Ob dies nun aufgefaßt wird als rein physisch (Weltbrand, Wassersturz, Welteinsturz), mythisch und mit Naturphänomenen verknüpft oder rein mythisch. Die Grenzen verwischen sich häufig.

Man kann drei Gruppen von Endzeitwesen beobachten, die weltweit auftauchen: einmal die »positiven«, wie der erwartete Messias, dann die warnenden, die Propheten und die Engel, und letztlich jene drohenden, unheimlichen, die selbst die Zerstörung einleiten oder verursachen. Sie haben zahlreiche Formen: das gebundene Raubtier, das im Berg eingeschlossene Raubtier, der gefesselte Riese wie Loki oder der Kaukasusriese und andere Ungeheuer, die sich, ist die Zeit einmal genaht, entfesseln und befreien.

Dazu gehören auch die »alte Schlange« des Christentums und ihr Vertreter, der gefesselte Satan (Beelzebub). Der »Fürst der Welt«, »Seelenverschlinger« mit Hörnern, Schwanz, Tierohren, Klauen und Bocksfüßen spielt im Volksglauben, in zahlreichen Märchen und Sagen eine gruselige Rolle. Auch er wird sich entfesseln. Diese Ungeheuer sind weniger naturfern, als es auf den ersten Blick erscheinen mag. Zahlreich tauchen vor allem die »Erdschlangen« auf – nicht nur in Indien und bei den Nordvölkern –, die sich um die Erde gewickelt haben, zerstörerische Endzeitmonster. Auch das Meerungeheuer Leviathan, siebenköpfiges Monstrum der phönizischen Mythologie, das in der Bibel erwähnt wird, gehört in die Reihe.

Weltweit verbreitet und sehr »populär« ist das apokalyptische Ungeheuer in Gestalt eines riesigen, feuerspeienden Drachen.[70] Diese Verbreitung des Drachen, auch in Volksmärschen und Sagen, ist um so geheimnisvoller, als der Mensch diesem offensichtlich dem Dinosaurier ähnelnden Tier niemals begegnet sein kann! Doch überall taucht dieses mythische Mischwesen aus Schlange, Echse und Vogel auf, das in seiner Gestalt der Natur widerspricht. Bei den vorderasiatischen Völkern galt es als gottfeindlich, nur in Ostasien gilt es heute noch als ehrfurchtwürdiges und glückbringendes Wesen, das jährlich gefeiert wird. Der apokalyptische Drache versucht, das Wirken des Messias zu verhindern, und wird schließlich in den Schwefel- und Feuersee geworfen (Offenbarung 20,10). Nach altpersischer mazdaistischer Auffassung wird der von Ahriman, der Verkörperung des Bösen, in der Endzeit losgelassene Drache ein Drittel der Menschheit verzehren. In diese Reihe gehört ebenfalls der Lindwurm oder Linddrache (von althochdeutsch lint, Schlange). Er ist das gräßlichste Ungeheuer der germanischen Dichtung und Sage, als riesige geflügelte Schlange gedacht, die die Gegend, in der sie hauste, verheerte, Tiere und Menschen tötete. Helden wie Siegfried, Beowulf und der heilige Georg bekämpften das oft siebenköpfig gedachte Schreckenswesen. Manchmal, wie in der Nibelungensage, war es nicht als Endzeitwesen, sondern als Schatzhüter gedacht und schier unbesiegbar, weil ihm die abgeschlagenen Köpfe wieder nachwuchsen. Die Lichtgestalt Siegfried wusch sich in seinem Blute, um selbst unbesiegbar zu werden.

Entfesselte Wölfe und Riesen, Feuerdämonen, Drachen, Lindwürmer, Schlangen und Krokodile (Ägypten): Das Böse trägt oft mytho-zoologische Züge, die seine Schrecklichkeit besonders konkret machen.

Zahllos sind diese drohenden und gleichzeitig die Menschheit warnenden Endzeitwesen. Dazu gehört im christlichen Bereich der Antichrist. Seine Gestalt wird schon im Alten Testament vorbereitet, doch ist er spezifisch neutestamentarisch (siehe u. a. 1. Joh. 2,18; 4,3; Offenbarung 13) Er ist der der Wiederkehr Christi auf Erden und dem Weltende vorangehende Christusfeind. Durch Scheinwunder verführt er viele zum Abfall vom Glauben und kann sehr an Macht gewinnen. In welcher Gestalt er auftaucht, ob als Ketzer oder falscher Prophet, falscher Messias, Gog und Magog, darüber gehen die Meinungen auseinander. Seine Verführungskraft ist jedoch gewaltig. Je nach Interpretation kann er eine Person sein, nach Luthers Meinung war es der Papst, auch Stalin oder Hitler oder aber eine Ideologie, vom Faschismus bis zum Kommunismus …

Bei den indigenen Völkern, die uns hier beschäftigen, gehören zu jenen Endzeitwesen ebenfalls die in der Unterwelt lebenden Toten. Zur Endzeit beginnen sie, die Erde umzuwerfen, um das Unterste zuoberst zu kehren; was auch als Erdbebenmotiv zu interpretieren wäre.

Damit kommen wir zu den einzelnen auslösenden Weltuntergangsmotiven, die überall auftauchen und die man, was ihre Verursachung betrifft, als Naturmotive deuten könnte. Häufig wird der Einsturz des Himmels erwartet (Eskimos, Lappen, Kelten), verbunden mit dem Brechen der Weltstütze beziehungsweise der Gefährdung des Weltenbaumes, an dem die Toten rütteln (Andamanen). Eine nordische Variante ist das Herausreißen des Weltnagels, was den Zusammensturz der Welt hervorruft.

Verfinsterung der Sonne oder Verfinsterung des Mondes, wobei manchmal ein wildes Tier das Gestirn verschlingt, finden wir zum Beispiel bei den Völkern Nord- und Mittelamerikas, bei südamerikanischen Waldstämmen, wo ein Jaguar bei Sonnenfinsternis die Sonne frißt. Bei Indern und Chinesen, wo man sich allmählich der Gefahrlosigkeit einer vorübergehenden Sonnenfinsternis bewußt wurde, sank der Mythos zum Volksglauben hinab. So machte das Volk Lärm, um den die Sonne bedrohenden Drachen zu vertreiben.

Weit verbreitet ist das Motiv des Herabstürzens der Sterne und des Mondes, wobei ein herabstürzender Komet die Erde in Brand stecken wird: im persischen, spätindischen Bereich, ebenso wie auch in jüdischen Prophezeiungen und in der Apokalypse. In Matthäus 24,29 wird als Einleitung der eigentlichen Vernichtung prophezeit, daß die Sterne vom Himmel fallen würden. In Peru stürzt zu Beginn des Weltuntergangs der Mond vom Himmel.

Das Umstürzen oder Kentern der Erde ist vielerorts zu

finden und ein starkes Motiv zur Weltuntergangs-Mythenbildung. Oft ist dieses Geschehen verbunden mit dem Ausbruch der erwähnten in der Erde verborgenen Ungeheuer, Gottheiten oder bösen Menschen im unterirdischen Totenreich. (Lokis Entfesselung, die persische Schlange Demavend, der Lindwurm, der sich durch die Erde nagt, die erderschütternde Schlange Shesha der Inder usw.) Dieses Motiv finden wir ebenso in der Sierra Nevada, bei den Sakai in Malaysia, auf den Andamanen wie in Mittelamerika oder im Kaukasus. Nur der nordische Fenriswolf und der südrussische gefesselte Hund agieren endzeitlich am Himmel.

Das so weit verbreitete Motiv könnte teilweise auch als Erdbebenmotiv gedeutet werden. Ebensogut könnte es sich, warum eigentlich nicht, gewissen Voraussagen unserer zeitgenössischen Wissenschaftler annähern, wenn wir es nämlich vergleichen mit jener Theorie vom Big Crunch, wonach das Universum nach seinem ursprünglichen Ausdehnungsdrang eines Tages wieder zusammenstürzen wird!

Das am seltensten erwähnte Naturmotiv ist das Erfrieren der Welt in einem Großwinter.

Am bekanntesten hingegen ist neben der Einsturzvision der Weltuntergang durch einen riesigen Brand. Verbreitet in Europa, in Asien, mit einem Ausbreitungszentrum in Indien, einem anderen im Süden von Nordamerika. Es ist als Naturmotiv interpretierbar, wenn es in Gebieten häufiger Dürre wie in Indien erscheint. Doch ist der Weltbrand als deutlich mythisches Motiv ebenso weit verbreitet. So verschmilzt es in Persien mit dem zarathustrischen Reinigungsfeuer oder tritt in Griechenland in der Philosophie des Heraklit auf.

Dazu eine kurze Darstellung, da diese Idee in allen kosmischen Vorstellungen von ewiger Erneuerung immer wieder erwähnt und variiert wird. Heraklit (540–480 v. Chr.) verkündete, daß über allem Seienden der Weltgrund (Logos) walte. Sein universales Gesetz sei das einzige, was im verwirrenden Wechselspiel der Dinge beharre. Indem die Menschen ihn vernehmen und nach ihm leben, werden sie weise. In ewigem Werden und Wechsel treten nun aus dem Urgrund die Dinge hervor, wie sie auch zu ihm zurückkehren. Alles, was wie ein ewiger Strom an uns vorbeiziehe, in diesem ständigen Werden und Vergehen, finde seine letzte Einheit darin. Der Logos wird mit dem Feuer identifiziert:

>>Diese Weltordnung hier hat nicht der Götter noch der Menschen einer geschaffen, sondern sie war immer und wird sein ein immer lebendes Feuer, aufflammend nach Maßen und verlöschend nach Maßen.<<[71]

Auch die Stoiker beriefen sich auf Heraklit in ihrer Theorie vom Weltbrand, die davon ausging, daß ein periodischer Zyklus >>Feuer – Welt – Feuer<< oder >>Werden – Weltbrand (Vergehen) – Wiederentstehen<< den Weltprozeß ausmache: Nach Ablauf eines >>Weltjahres<<, das 10 800 Jahre umfaßte (man vergleiche dazu zum Beispiel die Weltperioden der Maya) endet die Welt im Weltbrand (>>ekpyrosis<<), um danach neu zu entstehen.

Geknüpft an den Weltbrand ist manchmal das Sinken

der Erde ins Meer (siehe die ältere Edda-Poesie, Völuspa, ebenso die Vorstellungen im Matto Grosso usw.): Die Erde, vom Feuer zerfressen, versinkt oder schwimmt im Meer (Indien, Brahman in Schildkrötengestalt hebt sie wieder empor). Oder Wasserkönig und Feuerkönig bedrohen die Erde (Kambodscha). Das Doppelmotiv Weltbrand-Weltertrinken wandert als Vorstellung.

Zu Heraklits Ideen, zu denen der Stoiker, finden sich durchaus Parallelen in den Weltuntergangsvisionen ferner Kulturen. Auch bei den Irokesen und Algonquins war das Feuer identisch mit Leben und ewiger Erneuerung, dargestellt durch das heilige Feuer auf der Bergspitze, das nicht ausgehen durfte. Ganz gegensätzlich dazu ist in der linearen Weltvorstellung der jüdischen, christlichen und islamischen Kulturkeise das Feuer verbunden mit Gottes Strafe, dient den ethischen Ideen von der Endzeit der einmaligen Schöpfung, wird zum ewigen Höllenfeuer.

Allgemein ist die Bedeutung des Feuers für den Untergang der Welt zentral und erdumfassend.

Zwei entgegengesetzte Kräfte stehen einander oft bei der Endkatastrophe gegenüber: Die Kraft der Zerstörung, des Todes und die der Rettung, der Hoffnung, verkörpert manchmal durch eine Heldengestalt, die gegen die finsteren Ungeheuer ankämpft. Strahlende Frühlingsfiguren gegen das Entfesselte, Fratzenhafte, Häßliche, Böse. Hoffnung auf Rettung des Lebens aus dem alles verschlingenden Rachen des Ungeheuers.

Objektiv kann man festhalten, daß es keine »niedrigen« und »höheren« Formen der Weltuntergangsvorstellungen gab. Sie trugen nur verschiedene Aspekte. Man kann sie folgendermaßen einteilen:

- Weltuntergang ohne folgende Erneuerung der Welt, durch rein naturgegebene Ereignisse ausgelöst, wobei sich indessen fast immer eine Gottheit einmischt, so die erwartete Endkatastrophe mythisch erklärend.
- Einmaliger Weltuntergang ohne Erneuerung, als Strafe für menschliches Versagen, wachsende Schlechtigkeit, Übertreten von Verboten. Basierend auf einem Vergeltungsgedanken, wie ihn vor allem die drei monotheistischen Religionen verkünden.
- Dies leitet über zu einer Idee der Welterneuerung selektiver Art, zumindest Auferstehung oder Weiterleben der »Guten« beziehungsweise Gesetzestreuen. Hier gibt es Varianten, die vom Wiederauferstehen in einem erdfernen Paradies bis zur Wiederaufnahme desselben irdischen Lebens wie zuvor reichen, doch unter idealen Bedingungen, zum Beispiel in Nord- und Südamerika. Im christlichen Bereich als Millenarismus bekannt, das allerdings zeitlich begrenzte Reich Christi auf Erden. Solche Menschenträume sind fast immer mit einem Phänomen historischer und ideologischer Unterdrückung verbunden. Bei den Guarani und den nordamerikanischen Völkern ebenso wie in der jüdischen und frühchristlichen Apokalyptik mit den Makkabäerkriegen und der frühen Christenverfolgung. Es herrscht Sehnsucht inmitten des Elends auf Erschaffung eines neuen Himmels, einer neuen Erde, wo Gerechtigkeit herrscht (2. Petrus 3,13).

- Diese Vorstellungen und vagen Hoffnungen sind wiederum verbunden mit dem Auftreten von Propheten, endzeitlichen Heilsbringern, Messiasfiguren. So können sich Endzeitbewegungen mit theokratischem Charakter entwickeln (beobachtet in Afrika, Nordamerika, Südamerika, Ozeanien); bezeichnend für nicht verarbeitete und bewältigte rassische, soziale und kulturelle Konflikte, bei Überfremdung, Enteignung, Vertreibung durch Eroberer und Kolonisatoren. Es herrscht der Glaube, ein Gott werde kommen, der die Welt der Weißen vernichten, die ursprüngliche Ordnung wiederherstellen und ein neues Königreich ankündigen werde. Diese Visionen sind im linearen Weltdenken verankert, mit dem Gedanken an ein Weltgericht. Es ist deshalb in solchen Fällen nicht immer leicht, christlich-missionarische Einflüsse von originalem Gedankengut zu trennen.
- Einen ganz anderen Weg schlagen die Vorstellungen von zyklisch aufeinanderfolgenden, alternden und sich erneuernden Welten ein. Diese Erneuerung kann ebenfalls begrenzt sein, sich beschränken auf einige genau berechnete Weltperioden – oder jedoch, als Höhepunkt, unendlich, ewig, letztlich ohne Anfang und Ende sein im heraklitischen Sinne. Oder wie Immanuel Kant es »beweist« in seiner These: »Die Welt hat einen Anfang in der Zeit und ist dem Raum nach in Grenzen geschlossen.« Um dem seine Antithese entgegenzustellen: »Die Welt hat keinen Anfang und keine Grenzen im Raume, sondern ist, sowohl in Ansehung der Zeit als des Raumes, unendlich.«[72] In diesem

gigantischen, sich ständig selbst erneuernden Kosmos ist der Mensch als Individuum ein Staubkorn.

- Neben zahlreichen Naturmotiven, ausgelöst durch die Unbilden der umgebenden Natur, Erdbeben und Taifune vor allem, sind bei den indigenen Völkern seelische Weltuntergangsmotive auffällig verbreitet, die nichts mit Furcht vor Naturkatastrophen zu tun haben. Ihnen liegen vielmehr Ahnungen vom bevorstehenden Untergang des eigenen Volkes zugrunde. Mythen, die »seit undenkbaren Zeiten« bekannt waren, wie sie sagten.

Was heißt das, historisch betrachtet? Wann und aus welchen Entwicklungen/Anlässen wurde aus Angst und Ahnung feste Überzeugung? Ist es ein »Zeichen niedriger Kultur« (wie es einige Forscher bestimmten), wenn man hoffte, den Weltuntergang durch Opfer abwehren beziehungsweise verzögern zu können? Aber sind nicht auch unsere christlichen Gebete Beschwörungen? Oder was ist mit dem Versuch, ihm durch Flucht entgehen zu können?
Sollte man die uns geläufige lineare Weltendevision höher einstufen als die zyklische? Oder umgekehrt? Wäre es nicht ethischer oder zumindest hoffnungsfreudiger, sich die Welt als sich ewig erneuernd, immer wieder auferstehend aus der Zerstörung vorzustellen, wie Phönix aus der Asche? Vielleicht sogar in sich verbessernder Gestalt, anstatt ein verurteilendes Endgericht zu erwarten ohne geringste Alternative?
Auf welcher Stufe in der aus unserer Sicht aufgestellten

»Rangliste« steht die Idee eines Jägervolkes auf den An-
damaneninseln, die der Dajak an den Wildflüssen Borneos? Wo der jahrhundertelange Exodus der Guarani
»gen Osten«, der Sonne entgegen, auf der Flucht vor der
im Westen einstürzenden Erde, auf sehnsüchtiger Suche nach dem östlichen »Paradies auf Erden«? Ist es
nicht absurd, solche »Rangunterschiede« aufbauen zu
wollen, auf die es keine gerechtfertigte Antwort geben
kann? Müssen wir ständig wertende Vergleiche ziehen
zu unserem christlichen Kulturkreis und von diesem
als Norm ausgehen? Ebenso ist es wohl hypothetisch, ja
polemisch, zu behaupten, gewisse Motive seien »ge-
wandert« – oft über Gebirge, Steppen und Ozeane hinaus. Es sei denn, solche Kulturwanderungen seien historisch nachzuverfolgen, wie bei den Ariern in Richtung
Indien. Beweisbar ist solches heute meist nicht mehr,
auf Grund weltweiter Kulturvernichtung durch euro-
päisch-nordamerikanische Kolonisation. Und warum
nicht an Archetypen, gemeinsam erfahrenes Gedankengut der Menschheit denken, wie es Jung vorschlug (»das
kollektive Unbewußtsein«) und wie es sich auch in
gewissen parallelen Märchenmotiven auszudrücken
scheint? Zumindest kann diese oder jene Weltendvorstellung aus verschiedenen Zentren unabhängig voneinander ausgeströmt sein.

Die Frage nach dem »Was kommt danach?« wird uns
dagegen weitgehend beantwortet. Etwa, daß das Unterste zuoberst kommt. Die Toten zum Erdenvolk werden.
Die Götter/der Schöpfergott im Gegensatz zur Menschheit überleben. Und daß, hoffnungsvollste aller Visio-

nen, die Schöpfung rein, frisch, neu und frühlingshaft blühend aus Feuer, Zusammenbruch, Versinken wiederauftaucht. Die Unwichtigkeit, die Bedeutungslosigkeit der augenblicklichen Welt, unsere eigene Winzigkeit zeigen sich darin ebenso wie eine tiefe Liebe und Anbetung zu dieser wunderbaren Welt, ewig und gleichzeitig einmalig. In der auch jedes Staubkörnchen, das wir sind, in das »Ewige Buch« eingetragen ist.

Letzte Frage, die uns, eingebettet in unsere »Hochkultur« der Metropolen, der rasend fortschreitenden Technik, der Naturplünderung und Selbstvergiftung ebenso bewegen sollte wie einst die Mitglieder »niedriger« Kulturkreise: Können wir uns, trotz kategorischen Imperativs, der uns etwa aus der Bibel entgegengehalten wird, dennoch irgendwie retten vor dem Weltuntergang? Wenn schon nicht durch Blutopfer, so doch durch andere Arten von Opfern, durch Selbstbesinnung, durch Verbesserung unseres moralischen Wandels, durch Kraft, Vernunft, Weisheit, Ablehnung? Durch Bescheidenerwerden, das Wundern, Staunen, Respektieren neu oder besser erlernend? Auch Tod und Untergang akzeptieren lernen? Wenn nicht durch Hoffnung, wodurch dann? Vor mehr als vier Milliarden Jahren, so haben wir errechnet, entstanden Sonne und Planeten. Sie erleuchten uns noch heute. Trotz allem.

> Das Ewige Feuer muß erhalten werden.
> Der Lebensbaum muß gefeiert werden.
> »Und die Götter leben weiter.«

Anmerkungen

1 Spiegel 26/1995

2 Spiegel 26/1995

3 Gruhl Herbert, Ein Planet wird geplündert, 1974, und Himmelfahrt ins Nichts, 1992

4 Nostradamus, Quatrains d'Orval, No 52

5 Kolumbus Christoph, Meke. Bleibt die Frage, ob Kolumbus das Jüngste Gericht oder eher das tausendjährige Goldene Zeitalter erwartete!

6 vgl. Eliade Mircea, Aspects of Myth, Collection World Perspective, New York 1962

7 Über die aztekische Sintflut berichtet der berühmte Codex Chimalpopoca, in aztekischer Sprache mit spanischen Lettern von anonymem indigenen Autor geschrieben, kopiert von Irtlilrochitl

8 Egede Paul, Continuation af Relationerne Betreffende Den Grönlandske Missions Tilstand og Beskaffenhed, Forfattet i Form af en Journal fra Anno 1734 til 1740, Kopenhagen 1741

9 Petitot Emile, Vocabulaire français-esquimau, dialecte des Tchiglit, Paris 1876, XXXIV

10 Contributions of the North American Ethnology III, Washington 1877, S. 290

11 ebd., S. 200

12 Squier E. G., Historical and Mythological Traditions of the Algonquins; with a translation of the »walum-olum« or back record of the Linni-Lenape. New York, Historical Society, ohne Jahresangabe (vor 1890)

13 Ehrenreich, Paul, Die Mythen und Legenden südamerikanischer Urvölker, Berlin 1905, S. 30ff.

14 ebd., S. 30ff.
15 Preuss Karl Theodor, Religion und Mythologie der Uitoto, Bd. 1, Göttingen 1921, S. 60ff.
16 Ehrenreich Paul, a. a. O., S. 30ff.
17 Howitt A. W., The Native Tribes of South East Australia, London 1904, S. 630
18 Ellis Williams, Polynesian Researches II, S. 58
19 vgl. Andree Richard, Die Flutsagen, ethnographisch betrachtet, 3, Braunschweig 1891, S. 118
20 Le Bea Claude, Seltsame Reise zu den Wilden von Nordamerika, 1738, S. 137
21 Brinton Daniel G., The Mythes of the New World, 2. Ausgabe, Revue New York 1876, S. 236
22 Schoolcraft H., Indian tribes I, S. 313
23 Lehmann F. Rudolf, Weltuntergang und Welterneuerung im Glauben schriftloser Völker, Zeitschrift für Ethnologie LXXI, 1939, S. 113, und Olrik Axel, Ragnarök, die Sagen vom Weltuntergang, deutsch 1922, Berlin und Leipzig, S. 396
24 ebd., S. 114
25 Tataka Piecila (Short Bull, etwa 1845–1915), Medizinmann vom Stamme der Brulé-Sioux. Im Sommer 1890 reiste er mit einer Sioux-Delegation nach Nevada zu Wovoka. Diktiert 1900 der Ethnologin Natalie Curtis
26 Siehe auch Läng Hans, Kulturgeschichte der Indianer Nordamerikas, Walter Verlag 1981
27 Lehmann a. a. O., S. 110
28 Sun Bear/Wabun Wind, Die Erde liegt in unserer Hand, München 1990
29 Eliade Mircea, Aspects of Myth, New York 1962
30 Lehmann a. a. O., S. 111
31 Alexander H. B.; The Mythology of All Races, Volume X, New York 1964, S. 60
32 Chief Seattle, Die Nacht der Indianer verspricht finster zu werden; aus Vanderwerth W. C., Indian Oratory: Famous

Speechees by Noted Indian Chieftains, University of Oklahoma Press, Norman, Oklahoma 1971, S. 118–122

33 vgl. Ivanoff Pierre, Découvertes chez les Mayas, Evreux 1973, S. 245ff.

34 Förstermann Ernst, Commentar zur Mayahandschrift der Königlichen öffentlichen Bibliothek zu Dresden, 1901

35 Preuss K. Th., Der Unterbau des Dramas, Bibl. Warburg 7, 127/28, S. 16

36 Brinton Daniel G., The Myths cf the New World, 2. Ausgabe, Revue New York 1876, S. 235

37 Lehmann a. a. O., S. 108

38 Mac Fadden Steven, Profiles of Wisdom, Native Elders Speak about Earth, Santa Fé, New Mexiko, 1991, S. 217–222

39 Eliade Mircea und Couliano Ioan, Handbuch der Religionen, Zürich 1991, S. 70

40 Schaden E., Der Paradiesmythos im Leben der Guarani-Indianer, Staden-Jahrbuch Bd. 3, Sao Paolo 1955, S. 153

41 Nimuendaju Curt, Die Sagen von der Schaffung und Vernichtung der Welt als Grundlage der Religion der Apapocuva-Guarani (Auszüge), Zeitschrift für Ethnologie 46. Jahrg. Heft 1, Berlin 1914, S. 333ff.

42 ebd., S. 335

43 ebd., S. 335

44 Man E. H., On the oboriginal inhabitants of the Andaman Islands; Journal of the Anthropological Institution of Great Britain, XII, 1883, S. 154, 161, 163

45 vgl. Chakraborty Dilip Kumer, The Great Andamanese, Struggling for Survival, Calcutta 1990

46 Lehmann a. a. O., S. 112f.

47 Schebesta P. P., Über die Semang auf Malakka, Sonderabdruck »Anthropos«, Wien 1923–1924 und Archiv für Rassenbilder, 9: Sakai in Malakka, München 1926, Bildaufsatz 9

151

48 ebd.

49 Witschi Hermann, Bedrohtes Volk. Von den Ngadju-Dajak an den Urwaldströmen Süd-Borneos, Stuttgart und Basel 1938, S. 159

50 Übersetzt von Missionar Dr. Hardeland, Gesänge des Seelengeleits, 1858

51 Witschi a. a. O., S. 159

52 Schärer Hans, Die Gottesidee der Ngadju-Dajak in Süd-Borneo, Leiden 1946, S. 39

53 ebd., S. 109

54 Lehner Stephan, Die Naturanschauungen der Eingeborenen im Nordosten Neuguineas, Baeßler-Archiv, 1931, div.

55 Keysser Ch., Aus dem Leben der Kaileute, in: Deutsch-Neuguinea, 1911, S. 155

56 Girschner Max, Die Karolineninsel Namoluk und ihre Bewohner, Baeßler-Archiv, Beiträge zur Völkerkunde, Leipzig und Berlin 1911, div.

57 Lehmann a. a. O., S. 109

58 Howitt A. W. The Native Tribes of South Australia, London 1904, S. 630

59 Lehmann a. a. O., S. 105. Es ist zu beachten, daß Lehmanns Abhandlung über Weltuntergangsmythen 1939 verfaßt wurde, zu Beginn des Zweiten Weltkrieges und in der Blüte der Nazizeit. Was trotz aller wissenschaftlichen Genauigkeit manchmal gnadenlos durchbricht, allein im Vokabular!

60 Lurkner Manfred, Götter und Symbole der alten Ägypter. Bern und München 1947, S. 47

61 Nach einem Bericht des Sohnes von Ptolemaeos Lagos, aufgezeichnet von Strabon, Geographica, 7. Buch 3,8

62 Olrik Axel, Ragnarök, die Sagen vom Weltuntergang, deutsch 1922, Berlin und Leipzig, S. 400

63 Turi Johann, Muittalus samid birra, en bog om Lappernes liv, ved Em. Demant, Stockholm 1910, S. 266

64 Nemirowitsch-Dantschenko V. J., Strana choloda, St. Petersburg 1877, S. 209f.

65 Olrik, a. a. O., S. 403–404

66 ebd., S. 431

67 Egede Paul, Continuation of Relationerne Betreffende Den Grönlandske Missions, Kopenhagen 1741, div.

68 vgl. Eliade Mircea und Couliano Joan P., Handbuch der Religionen, 1991, S. 126f.

69 Olrik, S. 462

70 z. B.: Hiob, 3: »Diejenigen, die das Erwachen des Drachen vorbereiten …« Oder in der Offenbarung des Johannes, Kap. 12: Die gebärende Frau und der Drache, der Erzengel und seine Engelkämpfe gegen ihn. Aber der Drache und Satan, »der die ganze Welt verführt«, sind stärker. Siehe dort auch 12, 15, über »das Tier«: »Wasser quillt aus seinem Mund, ein Fluß …« was wiederum an die Darstellung des Weltuntergangs bei den Maya erinnert, siehe Codex von Dresden!

71 Capelle Wilhelm: Die Vorsokratiker. Die Fragmente und Quellenberichte. Stuttgart 1935. S. 140ff.

72 Kant Immanuel, Kritik der reinen Vernunft, Werke Bd. IV, 1788, S. 412–413

Bibliographie

Alexander H. B.: *The Mythology of all Races: North American Mythology, Volume X*, New York 1964

Andree Richard: *Die Flutsagen, ethnographisch betrachtet*, Braunschweig 1891

Arens Werner u. Braun Hans-Martin (Herausgeber): *Die Indianer, ein Lesebuch*, München 1993

Bailey Paul: *Wowoka, The Indian Messiah*, Los Angeles 1957

Bancroft Hubert Howe: *The Native Races of the Pacific States*, III, 1875

Bastian Adolf: *Die heilige Sage der Polynesier*, Leipzig 1881

Boas Franz: *The Central Eskimo*, GRBEW 1888

Bousset W.: *The Antichrist Legend*, London 1896

Brinton Daniel G.: *The Myths of the New World*, 2. Ausgabe, Revue New York 1876

Burridge Kenelm: *New Heaven, New Earth, A Study of Millenarian Activities*, Oxford 1969

Chakraborty Dilip Kumer: *The Great Andamese, Struggling for Survival*, Calcutta 1990

Chalmers and Gill William Wyatt: *Work and Adventure in New Guinea*, London 1885

Contribution of the North American Ethnology III, Washington 1877

Egede Paul: *Continuation af Relationerne Betreffende Den Grönlandske Missions*, Kopenhagen 1741

Ehrenreich Paul: *Die Mythen und Legenden der südamerikanischen Urvölker*, Berlin 1905

Eliade Mircea: *Aspects of Myth, Coll. World Perspective*, New York 1962, trad. franc. 1963, Gallimard

Eliade Mircea u. Couliano Ioan P.: *Handbuch der Religionen*, Zürich/München 1991

Ellis Williams: *Polynesian Researches II*, London 1829

Foersteman Ernst: *Commentar zur Mayahandschrift der Königlichen öffentlichen Bibliothek zu Dresden*, 1901

Girschner Max: *Die Karolineninsel Namoluk und ihre Bewohner*, Baeßler-Archiv, Beiträge zur Völkerkunde, red. v. Paul Ehrenreich, Leipzig u. Berlin 1911

Gruhl Herbert: *Ein Planet wird geplündert*, 1975, und *Himmelfahrt ins Nichts*, Berlin 1992

Gusinde Martin u. Wilbert Johannes: *Folk literature of the Yanama Indians*, Berkeley 1977

Hardeland Dr.: *Gesänge des Seelengeleits*, 1858

Heyden van der: *Indianer-Lexikon*, Berlin 1992

Howitt A. W.: *The Native Tribes of South East Australia*, London 1904

Ivanoff Pierre: *Découvertes chez les Mayas*, Evreux 1973

Keysser Ch.: *Aus dem Leben der Kai-Leute*, in: Deutsch-Neuguinea, 1911

Koppers W.: *Prophetismus und Messianismus als völkerkundliches und universal-geschichtliches Problem*, Saeculum X, 1959

Kroeber Alfred Louis: *Yurok Myths*, Berkeley 1976, und *Karok Myths*, Berkeley 1980

Läng Hans: *Kulturgeschichte der Indianer Nordamerikas*, Zürich/Düsseldorf 1981

Lehmann F. Rudolf: *Weltuntergang und Welterneuerung im Glauben schriftloser Völker*, Zeitschrift für Ethnologie LXXI, 1939

Lehner Stephan: *Geister- und Seelenglaube der Bukua und anderer Eingeborenenstämme im Huongolf Nord-Neuguineas*, Hamburg 1930, und *Die Naturanschauungen der Eingeborenen im Nordosten Neuguineas*, Baeßler-Archiv, Leipzig u. Berlin 1931

Levi-Strauss Claude, *Mythologiques*, Paris 1964

Lowie Robert H.: *Primitive Messianisme as an Ethnological Problem*, Diogenes No 19, 1957

Lurker Manfred, *Götter und Symbole der alten Ägypter*, Bern u. München 1974

Mac Fadden Steven, *Profiles in Wisdom*, Native Elders Speak about Earth, Santa Fé, New Mexico 1991

Man E. H.: *On the aboriginal inhabitants of the Andaman Islands*, Journal of the Anthropological Institution of Great Britain, XII, 1883

Mayer R.: *Die biblische Vorstellung vom Weltenbrand*, Bonn 1957

Metraux A.: *La réligion des Tupinamba*, Paris 1928

Mooney James: *The Ghost Dance Religion and the Sioux outbreak*, XIV Annual Report of the Bur. of Amer. Ethnol., Part. II, Washington 1896

Nimuendaju Curt: *Die Sagen von der Erschaffung und Vernichtung der Welt als Grundlagen der Religion der Apapocuva-Guarani*, Zeitschrift für Ethnologie 46, 1914

Nemirowitsch-Dantschenko, *Strana choleda (Land der Kälte)*, St. Petersburg 1877

Olrik Axel: *Ragnarök, die Sagen vom Weltuntergang*, deutsch 1922, Berlin und Leipzig

Petitot Emile: *Vocabulaire français-esquimaux, dialect des Tschiglit*, Paris 1876, XXXIV

Preuss Konrad Theodor, *Religion und Mythologie der Uitoto*, Bd. 1, Göttingen, 1921, und *Tod und Unsterblichkeit im Glauben der Naturvölker*, Tübingen 1930 (Sammlung gemeinverständlicher Vorträge), und *Der Unterbau des Dramas*, Bibl. Warburg 7, Vorträge 1927/1928

Radcliffe Brown A.: *The Andaman Islanders*, New York 1946

Reitzenstein R.: *Weltuntergangsvorstellungen*, Upsala 1924

Rouse Irving: *The Tainos, Rise and decline of the people who greated Columbus*, New Haven 1992

Schaden E.: *Der Paradiesmythos im Leben der Guarani-Indianer*, Staden-Jahrbuch III, Sao Paolo 1955

Schärer Hans: *Die Gottesidee der Ngadju-Dajak in Süd-Borneo*, Leiden 1946

Schebesta P. P.: *Über die Semang auf Malakka*, Sonderabdruck Anthropos, Wien 1923/24, und Archiv für Rassenbilder 9: Sakai in Malakka, München 1926

Schoolcraft H.: *Notes on the Iroquois*, Albany 1947, und *Indian tribes I*, 1946

Soustelle Jacques: *Art of ancient Mexico*, trad. *(L'art du Mexique ancien)*, London 1967

Squier E. G.: *Historical and Mythological Traditions of the Algonquins: with a translation of the »walum-olum« or back record of the Limi-Lenape.* New York, Historical Society (ohne Jahresangabe, vor 1890)

Strabon, *Geographica, 7. Buch: Geographie*, übersetzt von Karl Kärcher, Stuttgart 1829 (griechische Prosaiker in neuen Übersetzungen)

Sun Bear/Wabun Wind: *Die Erde liegt in unserer Hand*, München 1990

Thurnwald Richard: *Die Eingeborenen Australiens und der Südseeinseln*, Tübingen 1927

Turi Johannes: *Muittalus samid birra en bog om Lappernes liv*, ved Em. Demant, Stockholm 1910

Vasiliev A. A.: *Medieval Ideas of the End of the World*, West and Est, Byzantion XVI, fasc. 2. 1942–1943, Boston 1944

Van der Waerden B. L.: *Das Große Jahr und die ewige Wiederkehr*, Hermes 80, 1950

Vanderwerth W. C.: *Indian Oratory: Famous Speeches by Noted Indian Chieftains*, Oklahoma 1971

Velasco, *Histoire du royaume de Quito. Voyages, relations et mémoires de la découverte de l'Amérique*, XVIII, Paris 1840

Wheeler-Voegelin Erminie and Moore Remedios W.: *The Emergence Myth in Native North America*, Indiana University Press 1957

Witschi Hermann: *Bedrohtes Volk. Von den Ngadju-Dajak an den Urwaldströmen Süd-Borneos*, Stuttgart und Basel 1938

Abbildungsnachweis

Seite 11, 79, 115: Staatliche Museen zu Berlin – Preußischer Kulturbesitz, Museum für Völkerkunde, Foto Dietrich Graf; Seite 67: Bildarchiv Preußischer Kulturbesitz, Berlin; Seite 93: Egon Schaden.